PENSAMENTO

O Maior de Todos os Poderes

Héctor Amézquita

PENSAMENTO
O Maior de Todos os Poderes

Tradução
JOÃO FUNÁRI

EDITORA PENSAMENTO
São Paulo

Título do original:
Thought — the Greatest Power of All

Copyright © 1997 Héctor Amézquita.

Todos os direitos reservados. Nenhuma parte deste livro pode ser reproduzida ou usada de qualquer forma ou por qualquer meio, eletrônico ou mecânico, inclusive fotocópias, gravações ou sistema de armazenamento em banco de dados, sem permissão por escrito, exceto nos casos de trechos curtos citados em resenhas críticas ou artigos de revistas.

O primeiro número à esquerda indica a edição, ou reedição, desta obra. A primeira dezena à direita indica o ano em que esta edição, ou reedição, foi publicada.

Edição	Ano
1-2-3-4-5-6-7-8-9	-00-01-02-03-04

Direitos de tradução para a língua portuguesa
adquiridos com exclusividade pela
EDITORA PENSAMENTO LTDA.
Rua Dr. Mário Vicente, 374 — 04270-000 — São Paulo, SP
Fone: 272-1399 — Fax: 272-4770
E-mail: pensamento@snet.com.br
http://www.pensamento-cultrix.com.br
que se reserva a propriedade literária desta tradução.

Impresso em nossas oficinas gráficas.

Para todos os seres espirituais que
estão vivendo experiências humanas!

Sumário

Poema "Minha essência é o meu fogo interior"............................ 9

Prefácio... 11

Agradecimentos.. 13

Introdução.. 15

1. A finalidade 21

2. Como pensar *versus* o que pensar................................. 29

3. Aqui e agora 45

4. Sentimentos e emoções.. 51

5. Liberdade total... 57

6. O passado e o perdão 67

PENSAMENTO: O MAIOR DE TODOS OS PODERES

7. O futuro e a fé 77

8. O triângulo mágico 91

9. A visão do futuro 97

10. A escola do pensamento 115

11. O processo universal 119

Epílogo 127

Minha essência é o meu fogo interior

Isso mesmo, tenho um fogo interior
igual ao magma no interior do planeta Terra.

    É o Sol ardente do meu universo interior
    que me aquece quando faz frio lá fora.

É esse fogo que toca todos ao meu redor,
o mesmo que há em todos os seres vivos
e que me toca quando me aproximo deles.

    É o mesmo fogo que criou o Universo,
    o *Big-Bang*, que fez dele o corpo de Deus,
    a casa em que todos vivemos.

É o mesmo fogo que derrete os minerais,
que me leva a amar a expressão dos recém-nascidos
e a Amar o fogo em Si.

    É claro que eu não pedi por ele –
    porque fui
    e continuo sendo
    a minha essência, meu Fogo interior!

Héctor Amézquita

Prefácio

Há 21 anos, minha mente consciente começou a perceber que havia, num nível de consciência muito profundo do meu ser, a memória de uma ignorância básica, uma espécie de alerta de que faltava um tipo de conhecimento sobre o qual eu precisava saber.

Isso me causou muito interesse e inquietação. Mais do que nunca, eu precisava encontrar o que faltava, *porque eu sempre soube que havia algo mais*, ainda que não soubesse onde nem como encontrar. Provavelmente eu teria que ler mais, estudar mais, inquirir mais, pensei. E assim fiz.

Após anos de pesquisas, de esforços pacientes, aconteceu! Encontrei os livros certos, as pessoas certas. Ambos foram as fontes da informação que eu buscava.

O resultado: *encontrei o que faltava. E estava dentro de mim!* Em nenhum outro lugar. Estava bem dentro de mim. *Como eu, era eu* mesmo. Era meu eu interior. Meu Eu Superior!

Deus! Eu O encontrei! Deixe-me expressar meu profundo muito obrigado por conhecer essa verdade magnífica. Agora estou consciente de que Deus é Espírito, Verdade, Amor, Vida, Pensamento, Bondade, Paz, Luz, Consciência, Energia, Poder. É tudo o que existe! E TUDO isso se manifesta através de mim e de todos nós.

Não é mesmo formidável?

Agora sei, com certeza, afirmo e confirmo, que isso é o que eu sempre quis compartilhar: esse conhecimento, essa consciência de quem realmente somos! Preciso compartilhar tudo isso com você, palavra por palavra, juntamente com uma descrição do que tem ajudado a mudar minha vida para melhor e a me encontrar onde estou hoje. Partilharei tudo isso com você, com o desejo sincero de que lhe faça tão bem como tem feito para mim.

Agradecimentos

Não existem palavras com o significado adequado para que eu possa expressar meu profundo agradecimento a todos que, de um modo ou de outro, ajudaram-me a escrever, completar e publicar este livro. Tenho uma dívida com todos eles.

Registro aqui, de público, meu agradecimento àquelas pessoas de cujos nomes me recordo e àquelas que involuntariamente possa estar esquecendo:

Jennifer Shenkman, quem primeiro me apoiou no campo editorial; e, com especial gratidão, Rafe Stephan, cujo apoio para a publicação muito me influenciou antes de procurar um editor.

Em posição de não menos destaque, meu filho, Tony Amézquita, cuja colaboração na produção deste livro e cujos comentários sobre o seu conteúdo foram valiosos; meu grande amigo e vizinho Bob Wood, cuja paciência e experiência de vida me serviram de apoio durante três anos, pela sua amizade incondicional e sincera; meu amigo de muitos anos Alex Williams, diretor do primeiro Grupo de Estudos de Ciência Religiosa da Guatemala, cujos comentários sobre o conteúdo deste livro, sempre pertinentes, serviram-me de matéria-prima essencial; por fim, às minhas amigas Nadja Frau, Sonia Nieves, Dion Koch e Joan Dick, cujos comentários muito contribuíram para o conteúdo deste livro.

Não acredito em coincidências. Posso perceber como todos os fatos e pessoas estavam no lugar certo e na hora certa para dar sua contribuição. É o caso de Gary Peattie, Arthur Vergara e Hedda Lark, da DeVorss & Company, que fizeram parte da oportunidade de publicar e distribuir este *meu primeiro livro!*

Muito obrigado a todos.

Introdução

Por que razão muitas pessoas, embora não se encontrem doentes, têm uma caminhada difícil pela vida, sem alegria, sem sorrir, incapazes de sentir o prazer de estar onde estão? Muitas vão pela vida com tristeza, sem saber a verdade sobre si mesmas, simplesmente porque aprenderam idéias erradas e adotaram crenças erradas. Provavelmente elas não têm consciência de QUEM são, O QUE são, ONDE estão, EM QUE ÉPOCA estão e POR QUE estão aqui.

Esses desafortunados não sabem que sua identidade, o "QUEM são", é manifestação de uma Inteligência Universal, uma impressionante concentração da mais pura inteligência e energia que se pode imaginar. Elas estavam contidas num minúsculo corpo, imensamente concentrado, conhecido como "singularidade" – nome dado pelos cientistas –, cuja explosão, há aproximadamente 15 bilhões de anos, criou o universo, inclusive o tempo e o espaço, que nós, seres humanos, estamos começando a explorar e compreender.

Uma parte dessa Inteligência Universal está habitando temporariamente os corpos humanos num ambiente chamado planeta Terra. E está dentro desses corpos – o seu, o meu, o de todos.

A maioria não compreende O QUE somos: *"Seres espirituais vivendo experiências humanas."* Não temos consciência de que estamos num corpo que está num planeta que faz parte de um sistema planetário, pertencente a uma das galáxias do universo, criadas pela mesma Inteligência. Esse universo não é algo estranho para nós, "seres espirituais vivendo experiências humanas". Somos uma parte integrante dele. ONDE estamos, EM QUE ÉPOCA estamos, se neste planeta ou em outro lugar do universo, sempre podemos dizer "Aqui". E estamos nesse "Aqui" somente "Agora", simplesmente porque, no universo, o tempo, tal como o conhecemos, não existe.

E, finalmente, muitos parecem não saber POR QUE estamos aqui. Não conseguimos identificar nosso propósito como seres humanos. Nossa vida não tem um rumo certo. Talvez nem mesmo saibamos o que queremos fazer enquanto vivemos esta existência humana, e, por falta de informação e entendimento, já perdemos o controle sobre nossa vida!

Neste livro, você encontrará algumas das respostas a esses importantes aspectos da nossa vida humana – QUEM, O QUE, ONDE, EM QUE ÉPOCA e POR QUÊ.

Em minhas viagens e aventuras, observei muitas pessoas caminhando pela vida sem alegria de viver. Simplesmente, sem noção do momento em que estão vivendo. A atenção delas está no passado, na lembrança de situações que poderão nunca mais ocorrer. Ou sua mente vive num futuro que pode nunca se tornar realidade. Não percebem que estão desperdiçando o momento presente, perdendo a oportunidade de se inteirar do que estão vivendo agora. Digo *desperdiçando* e *perdendo* porque, do ponto de vista físico, o momento presente não voltará mais, vai ser desnecessariamente desperdiçado e perdido.

INTRODUÇÃO

17

Por que tantas pessoas não conseguem aproveitar o que está ocorrendo neste momento, que costumamos chamar de aqui e agora? Seria por não se dar conta de que o momento que estão desperdiçando é a única vida que têm, seu único bem e a única oportunidade de aproveitar sua vida como seres humanos?

Este livro, meu caro leitor, tem por finalidade investigar e revelar a riqueza e a beleza desses nossos momentos. É um guia para aqueles que querem abrir os olhos para o imenso potencial que têm. É uma contribuição para o processo contínuo de auto-aperfeiçoamento, tão importante para acompanharmos a evolução natural. Não inventei nada nem apresento nada de novo. Mas desejo compartilhar com você as idéias e conceitos que surgiram na minha vida e que a mudaram de forma tão radical. A principal causa dos problemas das pessoas é que aprendem *no que* pensar e não *como* pensar.

Saber *como* pensar implica ter consciência da verdade, aprender maneiras de pensar e decidir cuidadosamente sobre *o que* pensar. Quando sabemos *como* pensar, podemos exercer plenamente nossa liberdade de pensamento, em vez de sermos dominados por pensamentos inoportunos, que surgem quando não há nada melhor. Nossa mente pode ser treinada para pensar somente naquilo que permitimos. Já sabemos fazer isso, mas, toda vez que queremos parar de pensar em algo para pensarmos em outra coisa, não somos capazes de mudar o pensamento com facilidade – ou será que somos?

O problema é que não estamos acostumados a exercitar ·nossa infinita liberdade de escolha para determinar nossos pensamentos. Aprendemos a pensar automaticamente, de forma espontânea. Precisamos começar a escolher nossos pensamentos e a mantê-los. Tudo que fazemos é precedido por um pensamento. Nossos pensamentos dão forma ao nosso presente e alicerçam o nosso futuro. Se queremos ser os produtores, diretores e atores do filme intitulado *Vivendo no Planeta Terra*, precisamos aprender *como* pensar.

Enquanto pensamos, criamos nosso mundo aqui e agora. Na vida, nossos pensamentos são a matéria-prima. O processo é o que fazemos (nossas interpretações, ações e reações). O produto é a nossa felicidade ou o nosso sofrimento. Em computação, usa-se a expressão *garbage in — garbage out*.* O mesmo ocorre com nossa vida e com nossos pensamentos. Se colocarmos em nossa mente pensamentos de baixa qualidade, teremos uma vida de baixa qualidade. Por outro lado, se pensarmos sobre o *Bem Universal*, geraremos em nossa vida amor, saúde, fartura, sabedoria e alegria.

Por estar convencido de que tudo em minha vida é resultado de meus pensamentos, nos níveis consciente e subconsciente, decidi aprender a pensar. Espero que este livro o ajude a compreender sua própria maneira de pensar. Lembre-se de que você é livre para pensar no que quiser, embora nem tudo lhe seja benéfico. Você poderá envenenar sua mente, seu corpo e sua vida, se não tiver cuidado ao escolher seus pensamentos. Quando entender a diferença entre *o que* pensar e *como* pensar, você naturalmente sentirá vontade de mudar. *Mudar é algo natural e leva ao crescimento.*

Somos aquilo que pensamos ser. Aquele que diz "Não sou feliz porque nasci numa família problemática" parece estar dizendo a verdade. No entanto, ele é infeliz por causa *do que* pensa e não por ter nascido numa família problemática. Ele não se sentirá feliz enquanto estiver fazendo esse tipo de raciocínio. Muitos nasceram em famílias problemáticas e agora são felizes. Eu, por exemplo. Por outro lado, muitos daqueles que não nasceram em

---

* Expressão usada para dizer que, se você introduz dados incorretos no computador, o resultado também será incorreto.

INTRODUÇÃO 19

famílias problemáticas também são infelizes. A verdadeira questão é: quantas famílias problemáticas de fato existem? O que *vem a ser* uma família problemática? Muito poucos acham que a própria família não é problemática.

Muitos usam a desculpa de ter uma família problemática ou alguma outra desculpa para justificar a falta de capacidade ou a falta de vontade de aprender *como* pensar. Eles não se dão conta de que têm total liberdade para escolher como se sentir e como viver. Não se dão conta de que os acontecimentos do passado e do presente não determinam, por si, como eles devem se sentir agora, a não ser que essa seja a escolha deles. O mesmo se dá com os acontecimentos que eles mentalizam no futuro, pois esses eventos não determinam, necessariamente, como eles devem se sentir, a menos, repito, que essa seja a escolha deles. Isso significa que eles podem se sentir felizes ou desafortunados quando e onde quiserem.

Há muito para aprender. Mas primeiro convém entender melhor o que vem a ser *como* pensar. Em seguida, devemos estar dispostos a usar esse conhecimento para nos desbloquear e fazer mudanças profundas e fundamentais em nossa vida. Com essas mudanças, poderemos identificar com precisão o nosso propósito como pessoa neste planeta e, mais do que isso, cumpri-lo. Essas mudanças vão atender aos nossos mais íntimos desejos porque significarão crescimento interior. Precisamos parar de ir contra nós mesmos!

Disse Mark Twain: "O que nos faz mal não é o que desconhecemos e sim aquilo que sabemos." Concordo que a falta de conhecimento pode não nos fazer mal, e sugiro que criemos um mecanismo que poderemos chamar de "processo de desaprendizado". Devemos desaprender tudo aquilo que nos faz mal, sem necessidade. E então vamos substituir tudo isso por conhecimentos que só nos vão fazer bem.

Caro leitor, queira entender que estou escrevendo sobre a maneira como vejo as coisas. Não tenho a pretensão de ter a melhor de todas as fórmulas, ou mesmo a única. O que lhe apresento aqui é a fórmula que funciona para mim – uma fórmula que permite que eu viva em permanente estado de paz, felicidade, alegria e entusiasmo pela vida.

Talvez alguns tenham medo da mudança, mas é preciso perceber que tudo à nossa volta está em constante mudança e que a mudança é parte do processo da vida. O fato de mudar antigas formas de pensar pode fazer com que você passe a aproveitar melhor a vida, numa intensidade muito maior do que você poderia imaginar. A maioria das pessoas, se questionada, dirá que adoraria ser um artista famoso. Você pode se tornar um artista apenas despertando e liberando aquele artista que existe em você. Faça do viver uma arte e do resto de sua vida uma obra de arte!

1

A Finalidade

Acredito que nossa finalidade, como seres humanos, é elevar nossa consciência para entender a total liberdade de escolha que nos é dada e usá-la para conhecer o nosso interior, nosso Eu Superior – para conhecer a Inteligência Universal Criativa e manifestá-la. A maioria de nós, em algum momento, não consegue entender que essa Inteligência Universal não privilegia ninguém; que somos todos criados iguais, que somos todos providos exatamente de tudo aquilo que é necessário para empreender nossas experiências humanas; que tudo o que acontece é conseqüência do uso que fazemos de nosso livre-arbítrio.

O uso desse livre-arbítrio ao longo do processo evolucionário nos trouxe uma grande quantidade de crenças equivocadas, que terminaram por se tornar paradigmas (padrões ou modelos) para nós. Essas crenças têm sido transmitidas de geração em geração, e somente agora é que muitos de nós estamos começando a nos preocupar em *como pensar* e em como usar o livre-arbítrio em vez de nos preocupar com *o que pensar*, que é a herança das gerações anteriores. Ainda hoje, muitos crêem firmemente nos seguintes pontos de vista:

1. Deus existe, tem uma aparência antropomórfica e está em toda parte, fora de nós.
2. Devemos temer a Deus para sermos pessoas boas.
3. Se fizermos alguma coisa errada Deus nos castigará.
4. Existe uma entidade maléfica que nos tenta para agirmos de forma errada.
5. Devemos pertencer a uma comunidade religiosa para que possamos ter experiências espirituais.
6. Devemos ir à igreja para encontrar Deus.
7. Ao morrermos, iremos para o Céu ou para o Inferno, dependendo de como vivemos.
8. Nossa vida é apenas aquela de nosso corpo físico, e a alma provavelmente existe (embora ainda não haja provas).
9. Somente aqueles que professam a mesma fé que nós é que serão salvos.
10. Nossa felicidade ou infelicidade depende do que os outros fazem ou deixam de fazer.
11. Nossas necessidades serão atendidas pelos outros.
12. Cuidar antes das nossas próprias necessidades é egoísmo.
13. A Terra é o centro do universo. Podemos divisar todo o universo do quintal da nossa casa.
14. Vivemos no dia, mês e ano indicados em nosso calendário.
15. Arrepender-nos de fatos negativos do passado pode nos dar a chance de mudá-los.
16. A preocupação com o futuro pode, por si, ajudar a mudá-lo.

Pesquisar em livros, estudar e aprender *como* pensar mudou toda a minha vida. Com base em minha experiência, posso declarar o seguinte:

Acredito firmemente que:

1. O poder ou a fonte do poder que criou todo o universo, inclusive o nosso pequeno planeta e seus diversos tipos de vida, é o que nós seres humanos chamamos de Deus, a Mente Universal, o Espírito Universal. E o que mais poderia ter criado todas essas maravilhas, as que podemos ver e até as que não podemos ver? Essa Mente Universal é TUDO e está em nós, dentro de nós – e, *estando* em nós, *é* nós! Isso significa que cada um de nós é uma expressão individual desse Poder Universal, ao mesmo tempo em duas formas de manifestação: uma física e de duração limitada e outra espiritual, imortal, eterna.

2. As pessoas, enquanto manifestações individuais de Deus aqui na Terra, são criadas de formas diferentes, mas todas têm a mesma liberdade de pensar e de agir. Num sentido mais amplo, estamos todos uns com os outros e com o Espírito Universal. E porque esse Espírito ou Deus é perfeito e é amor, Ele não contém nem cria o mal. Não é preciso temer a Deus para ser uma boa pessoa. Nós somos bons *em essência*. Não existem dois poderes no Universo, um bom e um mau. Só existe um poder absoluto, que é o Bem.

3. Devido à nossa ignorância, usamos mal a liberdade ilimitada que nos foi concedida e optamos por fazer coisas erradas que nos afetam e afetam os outros. Devemos enfrentar as conseqüências seja de violarmos os Princípios Universais, seja de violarmos as regras humanas. Em outras palavras, nossos próprios erros e más ações é que nos castigam, de uma forma ou de outra; não é o Deus de amor que nos castiga, aquele mesmo Deus de amor que nos criou. A Lei Universal da Causa e Efeito sempre nos castiga pelas nossas más ações.

24 PENSAMENTO: O MAIOR DE TODOS OS PODERES

4. Não existe uma entidade maléfica que nos faça errar. É o mau uso do livre-arbítrio, dado por Deus e pouco conhecido por nós, que nos leva para o descaminho. Precisamos *libertar-nos* das crenças erradas e aprender *como* pensar para deixarmos de usar de modo errado nossa liberdade individual. Essa liberdade leva a todos os tipos de liberdade, se pudermos entendê-la corretamente. Ela não é uma concessão ou um privilégio que nos permite agir de forma errada.

5. Quando aprendemos *como* pensar, podemos evoluir a ponto de conhecer Deus. À medida que nos aperfeiçoamos, passamos a pensar de maneira mais sábia, e isso nos aproxima da Verdade.

6. Poderemos conhecer Deus aqui e agora (a qualquer hora e em qualquer lugar), porque Deus está por perto e dentro de cada um de nós. Não vamos à igreja com o propósito de ali encontrar Deus, mas para aumentar nossa consciência da existência de Deus. Existe um único altar, que não pertence a nenhuma igreja, e ele está dentro de você, e em cada um de nós. Trata-se do altar da Inteligência Superior, que você já é!

7. Quando morremos, na verdade não chegamos a tanto. Apenas passamos por uma transição na qual devolvemos o corpo, que usamos como veículo para viver a experiência humana. Acredito que, a partir de então, partimos para outros mundos, outras dimensões, para poder viver experiências mais elevadas em nosso contínuo processo evolutivo.

8. Nossa vida é eterna; nosso corpo é que é temporário. Podemos conhecer a eternidade em qualquer lugar ou a qualquer momento, à medida que tomamos consciência desse fato.

A FINALIDADE 25

9. Todos somos inteiramente livres para buscar o significado da vida. Ninguém patenteou uma fórmula para a "salvação". Salvar-nos de quê? Não há nada do que sermos salvos, nada como "inferno", "purgatório", "condenação" e coisas desse tipo. Quem ou o que poderia ter criado coisas assim? Um Deus de Amor que é só o Bem?

10. Não estamos lidando com o tempo, com pessoas, lugares, coisas, condições ou situações. Estamos lidando conosco mesmos, com nosso processo de interpretação. Esse processo é baseado naquilo que aprendemos a pensar, nas convicções erradas que adotamos, nos nossos condicionamentos, que raramente questionamos. Acabamos por fazer interpretações equivocadas ou que não favorecem a nossa vida. A verdade é que os outros não são responsáveis por nossa felicidade ou infortúnio. Podemos ser felizes ou infelizes dependendo de como usamos nosso livre-arbítrio para interpretar o que ocorreu, o que está ocorrendo, o que poderá ocorrer fora de nós. O modo como nos sentimos é determinado pelo uso que fazemos da nossa liberdade.

11. Minhas necessidades serão satisfeitas por mim mesmo, à medida que aprendo a recorrer às fontes divinas que podem supri-las. Tenho que assumir responsabilidade por minha vida, aprendendo a pensar e a aumentar minha capacidade de responder a mim mesmo e aos outros.

12. Devo a todos aqueles que amo a tarefa de tomar conta de mim mesmo em primeiro lugar, de me dar o melhor em primeiro lugar e mostrar a paz e a felicidade que espero conquistar ao compreender plenamente o universo. Se não fosse assim,

26   PENSAMENTO: O MAIOR DE TODOS OS PODERES

como eu poderia compartilhar com meus entes queridos algo que não tenho?

13. A "singularidade", * assim definida pela comunidade científica e que deu origem ao universo, é Deus. O universo inteiro e tudo que está contido nele é a Unidade e o Todo de Deus. Existimos dentro do universo, dentro de Deus.

14. Vivemos aqui e agora, porque não existe tempo, tal como o conhecemos. As medidas do tempo foram criadas para que pudéssemos entender a estrutura na qual os eventos ocorrem.

15. Ao nos arrependermos de fatos do passado geramos emoções como culpa, vergonha e raiva. Só duas coisas boas podem ser feitas: perdoarmos os outros e a nós mesmos e interpretarmos de forma diferente o que aconteceu no passado, identificando e relembrando a lição que ali sempre existiu.

16. É inútil nos preocuparmos com o futuro. É preferível procurar ter uma visão mais clara do que queremos para o futuro. Isso dará um rumo à nossa vida e um significado para o nosso dia-a-dia — algo com que nos "ocuparmos", em vez de apenas nos "preocuparmos". Nossa preocupação vai cessar à medida que a nossa compreensão e a nossa fé aumentarem.

Você poderá concordar comigo que a primeira lista apresentada poderá ser substituída pela segunda, por inteiro ou em

---

* "Antes da singularidade nada havia. Em um ponto matemático de espaço zero e densidade infinita de ? aparece a singularidade, que é pura energia. Não há explicação de como foi criada." (De E. Karel Velan, *The Origin of the Universe*.)

parte, segundo o seu julgamento. O fato é que esse material já nos deu bastante assunto para discutir.

Se você está resistindo em aceitar essas idéias ou está um tanto cético, eu diria que isso é o resultado de um *efeito paradigma*, causado pelo modelo de pensamento anterior ou que ainda prevalece. Você poderá superar esse efeito porque, como evento externo, um paradigma ou crença somente o afetará na medida em que você o permitir.

Se o que foi apresentado o levou a imaginar como ouso escrever coisas assim, então convido-o a continuar comigo enquanto demonstro que, com boa vontade e algum esforço, poderemos vir a conhecer a verdade que nos libertará, exatamente como Jesus disse que aconteceria. Então poderemos usar nosso livre-arbítrio, sem limite algum.

2

Como Pensar
versus O Que Pensar

*I*gnorar a verdade nos causa tanto mal como acreditar em mentiras. Temos uma grande necessidade de conhecimentos corretos que produzirão a verdadeira sabedoria. Gerações de pessoas têm recebido informações insuficientes para construir uma crença verdadeira e confiável. Mas isso não deve impedir que identifiquemos técnicas que possam nos ajudar a formar um sistema de crenças melhor. Uma grande parte das principais crenças não é verdadeira. Por que é tão difícil para tantos enxergar isso? Vejamos de perto três exemplos:

1. Você se lembra de como as civilizações antigas acreditavam que a Terra era plana e que terminava além dos oceanos? Você se lembra de como as pessoas temiam navegar em direção às bordas da Terra, com medo de caírem no vazio? Era essa a maneira de pensar da civilização européia no final do século XV. Houve uma mudança nesse paradigma com a descoberta da América, e confirmou-se que a Terra era na realidade um globo e, como tal, redonda.

30 PENSAMENTO: O MAIOR DE TODOS OS PODERES

2. As pessoas costumavam acreditar que o Sol e as estrelas giravam em torno da Terra, que, por sua vez, era um astro imóvel no espaço. Não havia maneira de convencê-las de que, além de não ser plana, a Terra era um planeta que girava em torno do Sol.

O astrônomo Galileu Galilei foi seriamente ameaçado porque tornou públicas suas observações confirmando que, da mesma forma que outros planetas, a Terra gira em órbita em torno do Sol. Tudo o que as pessoas tinham que fazer, nesse tempo, era sair de casa para confirmar, com os próprios olhos, que era falsa a afirmação de que a Terra girava em torno do Sol, pois podiam facilmente constatar que era o Sol que girava em torno da Terra. Demorou muitos anos para convencer o povo da verdade. Você pode imaginar, por um instante, qual teria sido a reação das pessoas se lhe dissessem que a Terra viaja com o Sol pelo espaço a uma velocidade de um milhão de quilômetros por hora? Mesmo hoje em dia muitos não acreditam nisso.

3. Em seu livro *Real Magic*, Wayne W. Dyer conta uma história extremamente ilustrativa, atribuída ao matemático Douglas Hofstadter:

Pai e filho estão indo de carro assistir a uma partida de futebol. Ao cruzarem uma via férrea o motor do carro morre. Eles ouvem o barulho do trem se aproximando, e o pai tenta desesperadamente fazer o motor pegar e não consegue. O trem atinge o carro, matando o pai instantaneamente. O filho é levado ao hospital para uma cirurgia no cérebro. Ao dar entrada na sala de operações, a pessoa que ia fazer a intervenção diz: "Não posso operá-lo, pois ele é meu filho."

O que ocorreu? Você pode dar um palpite antes de continuarmos? Poderia dizer qual é a relação de parentesco entre o pai morto, o filho e a pessoa que o atendeu? Esse é um bom

COMO PENSAR VERSUS O QUE PENSAR 31

exemplo do efeito paradigma. Se você ainda não descobriu, aqui vai a resposta: *o cirurgião era a mãe do menino.*

Se você é uma das poucas pessoas que perceberam imediatamente que a pessoa encarregada da cirurgia era a mãe do menino, ou se já conhecia esta história, provavelmente está analisando as coisas da perspectiva certa. Se não percebeu, mas acredita que, assim como o exemplo, pode haver muitas coisas, plausíveis ou não, que são verdadeiras – se você está disposto a considerar maneiras inteiramente novas de ver a vida e as coisas que o cercam – também deve estar caminhando para ver as coisas da perspectiva correta. Assim, abra seus horizontes mentais o máximo possível e me siga.

Agora vamos examinar três maneiras pelas quais deixamos de perceber verdades muito importantes:

1. Lembremos do item 1 do capítulo anterior, segundo o qual muitos acreditam que Deus está fora de nós. Isso é o que aprenderam! Porque isso era o que tinham à disposição quando estavam aprendendo. Eles dirigem suas preces a esse Deus externo que está em algum lugar "nas alturas". Olham para o céu, para o teto, para o altar da igreja ou para um lugar imaginário no alto, em que Deus deve estar, em vez de olhar para dentro de si, para o centro de seu ser. Cada um de nós é uma espécie de filial de Deus, ou como um galho de uma grande árvore – mesmo estando, em conjunto com o restante do universo, contido em Deus! Somos extensões de Deus!

Todos sabemos que Deus é tudo e que nós estamos incluídos nesse tudo. Então Deus também está em nós – e *estando* em nós, *é* nós! Todo o universo é Deus. Somos uma parte de Deus e Deus é muito mais do que somos. Deus é a fonte criadora da qual emergimos na criação. Somos criados à imagem e semelhança de Deus, mas Deus não é criado por nós. Deus simples-

32 PENSAMENTO: O MAIOR DE TODOS OS PODERES

mente é! Não é difícil aceitar o fato de que Deus está dentro de nós. Sabemos isso de forma intuitiva. Mas, como somente aprendemos *o que* pensar e porque tememos desafiar a "verdade" aprendida e por não encontrarmos apoio para o sentimento interno e natural da realidade de que Deus está dentro de nós, então decidimos nada fazer a respeito.

2. No item 10 do capítulo anterior afirmamos: "Nossa felicidade ou infelicidade depende do que os outros fazem ou deixam de fazer." Muitos acreditam que sua fonte de felicidade ou infortúnio está no que os outros pensam deles. Ou em como os outros os tratam. A felicidade então dependeria do que os outros fazem ou deixam de fazer. Ou no que ocorre no mundo externo. Eles jamais aprenderam a lidar com os acontecimentos externos a partir de uma interpretação correta. Em vez disso, aprenderam a depender dos outros ou de condições ou de acontecimentos externos para ter bem-estar e realização.

É muito fácil confirmar a veracidade dessas afirmações quando ouvimos expressões como "Esse tempo me deixa abatido" ou "Ele me deixa nervoso" ou "Ela me faz feliz" ou então "O que poderão pensar de mim?" Essas pessoas não conseguem entender que são pessoas que podem decidir livremente como se sentir, agir ou reagir, a qualquer hora, independentemente dos fatores ou acontecimentos externos, a partir da correta interpretação do que *está* ocorrendo externamente. O acontecimento externo ou a condição externa em questão não determina, por si, a maneira como devemos nos sentir, como devemos agir ou reagir. *Nós* é que devemos escolher o que sentir, que reação devemos ter, qualquer que seja, após a interpretação que fazemos da condição ou do acontecimento externo.

Imitamos nossos pais, parentes e amigos, que ficam aborrecidos e desapontados quando os outros não agem de acordo

COMO PENSAR VERSUS O QUE PENSAR

com o que esperavam. Eles aprenderam a culpar "os outros" por suas próprias emoções, baseando-se em interpretações subjetivas, que podem ser totalmente falsas. É fácil provar. O mesmo acontecimento externo causa reações diferentes nas pessoas, justamente porque cada uma interpreta o mesmo fato de forma diferente. Um determinado acontecimento, que causa a infelicidade de alguém, deveria causar a mesma reação em todos e não somente em alguns, enquanto outro acontecimento, que causa a felicidade de alguns, traz infelicidade para outros.

3. No item 12 do capítulo anterior, afirmamos que muitos acham que cuidar primeiro das próprias necessidades é egoísmo e deve ser evitado. A simples sugestão de que devam dar a si mesmos o que há de melhor e que devam se sentir bem – antes de cuidar dos demais – traz, para muitos, um sentimento de culpa. Muitos pais, e as mães em particular, costumam considerar os filhos como as pessoas mais importantes do mundo. Chegam mesmo a dizer que fariam qualquer sacrifício por eles. Isso parece algo digno de mérito, até que se observe que elas mesmas gritam com os filhos e batem neles devido à própria incapacidade de lidar com o mundo exterior – seus filhos.

Elas não estão tratando de cuidar de si mesmas *antes* de cuidar dos demais. Não estão reagindo aos seus sentimentos *antes*. E é claro que *não podem dar o que não têm*. Não percebem que têm a obrigação para com os seus de estar em sua melhor forma. Uma mãe que cuide bem de si mesma antes de cuidar dos seus deixará de gritar e de bater e agirá com serenidade, paciência, compreensão e amor. O mesmo se dará com um pai, um marido, uma esposa, um amigo, um colega.

Convém pararmos de nos preocupar com *o que pensar*, como aprendemos, e passarmos a nos preocupar em *como pensar*, para que assim possamos lidar com nós mesmos em primeiro lugar, antes de lidarmos com os demais. Casais que desenvolveram a capacidade de responder cada um a si mesmo antes de responder ao outro, sempre que possível, não precisam partilhar as frustrações do dia-a-dia um com o outro – simplesmente porque não as têm! Estão sempre dispostos a partilhar bem-estar e felicidade simplesmente por se responsabilizarem por si antes de se responsabilizarem pelos demais. Passaram a sentir o bem-estar e a felicidade antes.

Tanto o pai como a mãe, o filho, a filha, o amigo, o colega, o sócio, o chefe e o subordinado, todos devem primeiro voltar-se para si mesmos, cuidar do próprio bem-estar, antes de voltar-se para os outros. Eles precisam estar aptos a dar uma resposta, a ser responsáveis por si mesmos em primeiro lugar. Sua capacidade de resposta tem que ser efetiva. Não se trata de egoísmo e sim de responsabilidade.

Se alguém insiste que isso é egoísmo, eu poderia dizer que é o *lado positivo* do egoísmo. Se você não clarear os seus pensamentos antes, como poderá servir de guia para os outros? Como você poderá explicar uma lição que ainda não aprendeu? Como você poderá dar algo (amor, paz, compreensão) que não possui? Você precisa se satisfazer primeiro, ficar em paz primeiro, completar-se primeiro (e não ser uma metade em busca da outra metade), ser totalmente responsável! *Cuidar de nós mesmos em primeiro lugar não é egoísmo. É, isto sim, uma grande responsabilidade.*

Aqueles que somente aprenderam *o que pensar* têm apenas uma forma de entender as coisas e uma visão muito limitada de muitas questões importantes da vida. Você poderá ler mais adiante, neste livro, outros exemplos importantes de falsos paradigmas ou pontos de vista. Considero-os importantes pelo que representam para a vida dessas pessoas, não somente para a vida particular como também para a vida pública ou profissio-

COMO PENSAR VERSUS O QUE PENSAR 35

nal. Por tudo isso devemos mudar nossa forma de pensar. Precisamos aprender a pensar, a abrir nossa mente para novas idéias.

Examinemos, por exemplo, a mensagem do papa João Paulo II para a Pontifícia Academia de Ciência, numa reunião dessa organização laica ocorrida no último trimestre de 1996, em Roma. O papa declarou que novas pesquisas confirmavam que a teoria da evolução de Charles Darwin era "mais do que uma hipótese". Por não duvidar das provas que apóiam a teoria da evolução, o Vaticano coloca o ponto de vista da Igreja Católica Romana em oposição ao de cristãos fundamentalistas, que tomam literalmente a história bíblica da Criação. Ao mesmo tempo, isso significa uma mudança radical de paradigma, devido ao fato de a Igreja aceitar a teoria de Darwin.

Da mesma forma, precisamos duvidar da maioria das coisas que aprendemos e buscar novas informações que nos levem a estabelecer, por nossa própria conta, um mecanismo de *como pensar*. A partir daí, devemos estabelecer um processo de "desaprendizado" de tudo que podemos provar que é falso. Afirmo, com convicção, que podemos melhorar muito nossa vida se procurarmos conhecimentos que levem à sabedoria pelo fato de termos aprendido *como* pensar. Podemos melhorar ainda mais nossa vida descartando pontos de vista que podemos provar que estão errados.

Devemos começar por identificar a maneira como adotamos nossos pontos de vista. A partir do momento em que nascemos, passamos a observar o que os outros fazem: como se comportam, quais são suas reações. Por não haver outro tipo de informação disponível, acabamos por concluir que essa é a maneira correta de nos comportar e de reagir diante das circunstâncias. Provavelmente assumiremos que essa maneira é a única opção e a adotaremos como verdade absoluta. Interpretamos as ações dos outros como sendo a maneira natural de comportamento ou de reação, e inconscientemente as tomamos como padrão por não conhecermos outra alternativa. Adotamo-las como pontos de vista, como *o que pensar*, até pelo desejo de sermos "fiéis" a essas pessoas. Posteriormente, temos nosso comportamento reforçado pela observação de que os outros agem da mesma forma. Se ninguém disser que há outras opções, nunca nos interessaremos por conhecê-las.

Nossos pais, nossos professores, a igreja, as instituições e as autoridades dizem *o que* devemos pensar, no que devemos acreditar, mas ninguém nos diz *como pensar*. Ninguém explica o mecanismo para pensar eficientemente, ninguém alerta que há uma diferença entre os conceitos de *o que pensar* e *como pensar*; e é claro que, se às vezes temos a intuição de que existe algo mais, não há maneira fácil de encontrar o caminho certo.

Por exemplo, eu não gostava de muitas coisas que o meu pai fazia ou dizia, então não as adotei como verdade. Entretanto, gostava de muitas outras coisas que ele fazia ou dizia e as adotei como verdade. Em muitos casos, completei algumas delas com conclusões próprias e acabei adotando o que resultou desse processo como as minhas verdades. O mesmo comentário se aplica à minha mãe, aos meus irmãos, meus parentes, meus amigos, meus colegas de trabalho e outras pessoas. Adotei meus pontos de vista a partir do que eles fizeram ou disseram, apenas quando gostei do que fizeram ou disseram. Adotei esses pontos de vista a partir da informação disponível, não importando como ela havia chegado até mim.

De maneira involuntária, os outros me disseram o que pensar, em que acreditar, não somente porque não conheciam nada melhor, mas também porque, inconscientemente, desejavam que me tornasse igual a eles. Eles queriam que eu procurasse me comportar e reagir da mesma forma que eles, para perpetuar suas crenças e tradições. Estavam tentando evitar que eu me

COMO PENSAR VERSUS O QUE PENSAR 37

expusesse ao desconhecido pelo risco que isso poderia representar. Estavam me "ensinando". Eu me lembro dos adultos me ensinando como era bom conhecer as próprias limitações, para evitar problemas. O resultado é que criei limitações. Eu estava usando minha criatividade para colocar limitações que, na realidade, não tinha, somente por aceitar um de seus falsos pontos de vista.

Parece que ninguém diz que somos livres para pensar como quisermos, para desafiar o que quisermos e para sentir da maneira que quisermos. Aconteceu comigo, quando ainda era criança, e hoje parece muito curioso: minha Igreja não queria que eu pensasse por mim mesmo. O sacerdote e seus colegas de congregação não queriam que eu questionasse nada, querendo que aceitasse como verdadeiro tudo que me dissessem. Por volta dos anos 50, o papa decidiu que Maria, mãe de Jesus, havia ido para o céu em corpo e alma, da mesma forma que Jesus. Essa proclamação, da assunção de Maria de corpo e alma para o céu, tinha a qualidade de um dogma, tendo que ser aceita sem nenhuma discussão. A obediência cega era considerada uma virtude. Decidi perguntar por que essas autoridades eclesiásticas haviam esperado 19 séculos para fazer essa proclamação sobre um acontecimento tão importante. Foi respondido que dogmas não podem ser questionados e que eu deveria acreditar simplesmente porque eles estavam dizendo. Senti que a idéia toda não estava de acordo com o meu julgamento, mas, ainda assim, decidi obedecer e acreditar no que diziam.

A verdade é que nunca cheguei a acreditar realmente nesse dogma. Ninguém consegue impor crenças aos outros. Escolhemos nossas crenças livremente. Veja o exemplo a seguir: durante a cerimônia do meu casamento, em 1961, o sacerdote incluiu o conselho de que a mulher deveria "obedecer" ao marido! Anos mais tarde, durante uma discussão típica de um casal que ain-

38 PENSAMENTO: O MAIOR DE TODOS OS PODERES

da não havia aprendido como pensar, lembrei a minha mulher o que o sacerdote havia dito sobre sua obrigação de obedecer. Como você imagina que ela reagiu?

Meus pais também queriam que eu os obedecesse para que fosse considerado uma criança bem-educada, de boas maneiras e obediente. Desde criança, fui treinado para ouvir a opinião dos outros – em outras palavras, a ouvir opinião exterior. Se íamos visitar outra família, pediam que eu ficasse quieto, sentado, sem conversar nem interromper, principalmente quando os adultos estivessem falando, para poder ser considerado um menino bom e obediente, exatamente como eu me considerava. Se seguia as recomendações, via meu comportamento elogiado. Foi dessa maneira que aprendi a procurar a aprovação externa.

Quando criança ouvi declarações do tipo "eu o odeio" ou "eu a odeio" e perguntei: "Como você odeia?", e ouvi: "Não sei bem, mas eu o odeio!" Então, praticando um pouco, aprendi a odiar quando não havia nada para odiar. Da mesma forma, aprendi a sentir ódio quando, na realidade, não havia nada me irritando; aprendi a contrair doenças quando não havia razão para perder a saúde; aprendi a envelhecer quando não havia necessidade de envelhecer, assim como diz Deepak Chopra em seu livro. Chopra defende o seguinte ponto de vista: "O mundo físico (que inclui o nosso corpo) é resultado da nossa observação. Criamos o nosso corpo assim como criamos a nossa experiência com o mundo." Então, envelhecemos porque *aprendemos* a envelhecer. Eu aprendi a ter medo da "morte", sem saber que não morremos – que somos imortais porque seres espirituais são eternos e não morrem: eles apenas estão vivendo uma experiência humana.

Adotei os pontos de vista que estavam disponíveis na época em que estava aprendendo – mas, pior do que isso, aprendi a aderir a esses e a outros pontos de vista com firmeza. Com fre-

COMO PENSAR VERSUS O QUE PENSAR 39

qüência me pediam para ser coerente com meus pontos de vista. Tornei-me incapaz de entender pontos de vista mais úteis, mesmo se fossem explicados claramente para mim. As pessoas à minha volta estavam definindo *o que eu deveria pensar* no futuro. Hoje interpreto essas mensagens involuntárias como: "Não queremos que você pense por si, mas que obedeça. O que realmente conta é o que os outros pensam, o que dizem. É assim que você deve pensar. Se você pensar de outra forma, será rejeitado." Além disso não havia ninguém para me orientar, dizendo que os pontos de vista que estava adotando não eram corretos.

Poucas pessoas mostram a você a relação que existe entre causa e efeito. Isso daria uma visão muito melhor de *como* pensar. Você colhe o que planta: se plantar trigo, colherá trigo. Da mesma forma, se você plantar pontos de vista errados, terá pensamentos errados e fará escolhas erradas no futuro. Se o seu pensamento for baseado no que aprendeu e nos pontos de vista que adotou, com base no que os outros pensavam, você pode muito bem acabar vivendo da maneira errada e passando por aquilo que não gostaria de passar.

É assim que adotamos pontos de vista, incorporados de forma tão espontânea! Então, por que é que resistimos tão firmemente a novas idéias, recusamo-nos a mudar de ponto de vista, mesmo quando recebemos explicações que nos incitem a adotar idéias que são muito mais razoáveis e lógicas, que fazem muito mais sentido, de acordo com o nosso conhecimento interior? Isso ocorre não só porque passamos a acreditar no que nos disseram para acreditar, mas também porque inculcamos em nós a idéia de que "devemos ser fiéis aos nossos pontos de vista". Aprendemos também a temer as mudanças, a temer o desconhecido, à medida que fomos ficando mais e mais afetados pelo "efeito paradigma".

Vamos então falar um pouco sobre os paradigmas e seus efeitos. A palavra *paradigma* tem sido muito utilizada nos últimos anos, mas ainda são poucas as pessoas familiarizadas com o seu uso, significado e efeitos. Por esse motivo quero explicar que o uso que se faz atualmente desse termo começou com Thomas Kuhn, em seu livro *The Structure of Scientific Revolutions*, no qual ele apresenta a idéia do paradigma científico. A palavra vem do grego *paradeigma*, cujo significado é "modelo" ou "protótipo". Joel Arthur Barker, em seu livro *Paradigms*, conclui que os paradigmas têm um efeito negativo naqueles que não se apercebem deles, naqueles que não resistem a eles ou que não lutam contra seus efeitos. Os paradigmas podem impedir o entendimento de outras maneiras de pensar ou de agir, muito mais lógicas e produtivas, causando um verdadeiro desperdício de idéias novas e diferentes!

Barker nos dá muitos exemplos de palavras que representam subdivisões do conceito de paradigma: teoria, modelo, metodologia, princípios, padrões, protocolo, hábitos, bom senso, sabedoria popular, mentalidade, valores, padrões de referência, tradições, costumes, preconceitos, ideologia, inibições, superstições, rituais, compulsões, preferências, doutrina e dogma.

O paradigma também é um ponto de vista. Dizemos que nosso sistema de crenças é o nosso "sistema de paradigmas".

O que estou tentando demonstrar é o quanto nosso sistema de crenças/paradigmas pode tornar difícil para nós enxergar, nos dias de hoje, algo que é óbvio. Estamos cegos para o que é óbvio, a menos que nos comprometamos a abrir nossos horizontes mentais para aprender *como pensar*. A vantagem agora é que já identificamos por que nos recusamos a mudar. Sabemos que o fato de rejeitarmos novas idéias, crenças e paradigmas não é bem um erro consciente. Não fazemos isso por negligência, mas por ignorarmos um estranho efeito, descoberto pelos cientistas, e de cuja influência só podemos nos libertar se aprendermos sobre ele e decidirmos usar nosso livre-arbítrio para tanto. De que maneira? Simplesmente decidindo aprender e desaprender. Existem obstáculos. Não é nada fácil. Mas também não é impossível. Para melhorar nosso conhecimento, precisamos combater esse estranho efeito. Podemos decidir que ele não vai nos afetar. Temos poder de fazê-lo porque temos capacidade para isso: temos tudo o que é necessário para fazer o que quisermos. Podemos, inclusive, decidir resistir às pressões de pessoas e organizações só interessadas em que saibamos *o que* pensar em vez de permitir que encontremos como pensar por nós mesmos, de pôr em prática nossas capacidades naturais para escolher o ponto de vista que quisermos, aquele que faça mais sentido de acordo com o nosso conhecimento interior. Cada um de nós é responsável por definir sua consciência, desenvolvê-la e elevá-la por meio dos pensamentos, ficando cada vez mais consciente do que é verdadeiro.

Lembre-se, a verdade nos libertará, porque é a única e verdadeira maneira de *como pensar*! É fantástico saber que somos seres espirituais vivendo experiências humanas, que somos livres para controlar e escolher nossos pensamentos, que escolhemos e definimos nossos sentimentos, nossas emoções e a nossa vida em geral, pela maneira como pensamos e como interpretamos nosso mundo. E, então, se assumirmos de fato a responsabilidade por nossos pensamentos, usando nosso livre-arbítrio, aprendendo tanto quanto pudermos e mudando conforme necessário, aprenderemos como pensar. Que conceito!

Somos inteiramente livres para criar nosso próprio sistema de busca-de-significado e para adotar um processo eficaz de *des*aprendizado de todos os pontos de vista que queremos descartar. Somos igualmente livres para, ao mesmo tempo, adotar qualquer novo paradigma que melhor se coadune com nossas

42 PENSAMENTO: O MAIOR DE TODOS OS PODERES

crenças, aquele que sentimos ser e sabemos que é, com certeza, o melhor para nós — a verdade! Uma vez que você se disponha sinceramente a mudar, nada vai impedir o seu crescimento, que, no entanto, deverá ser lento. Você deve saber que sua consciência expandida nunca mais voltará a ser a mesma. Aprender como pensar é semelhante, por exemplo, a aprender a usar um novo computador, sem que ninguém o ensine para que ele serve. Você poderá usá-lo para o que quiser — o importante é que você tenha aprendido a manejá-lo.

Pelo mesmo raciocínio, devemos mudar e nos dispor a aceitar novas idéias que nos permitam aprender *como pensar* e a nos libertar do *que pensar*, assim como aprendemos um dia. Vamos agora voltar para as listas do Capítulo 1. Vamos olhar para elas sob a luz da verdade que vislumbramos acerca das mudanças de paradigma e da maneira como podemos ser iludidos pelo que aprendemos. Temos a obrigação de passar essa informação às gerações futuras, pois não temos direito de impor limites, dizendo-lhes o que devem pensar. Temos que permitir que sejam livres para aprender *como* pensar, e com toda a certeza podemos ajudá-las. Como diz Stephen R. Covey em seu livro *Principle-Centered Leadership*, "Dê um peixe a um homem e você o terá alimentado por um dia; ensine-o a pescar e o terá alimentado para sempre".

Aprender como pensar conduz ao conhecimento. O conhecimento, ao se revelar, leva à sabedoria. Aprender como pensar também é uma forma de nos tornarmos peritos no pensamento saudável, em obter respostas mais saudáveis tanto do eu interior quanto do ambiente exterior. Saber como pensar é, por conseguinte, o *segredo de se viver bem*.

A loucura que é "saber" coisas que *não são* verdadeiras é então sanada pelo exercício do livre-arbítrio, pela decisão de proclamar nosso direito de conhecer as verdades da vida e de começar a reunir informações que servirão melhor ao nosso propósito de entender melhor as coisas. Podemos mudar para melhor. Merecemos gozar a vida, não apenas passar por ela sem compreendê-la, sofrendo os efeitos de um "conhecimento" não verdadeiro. Precisamos ter coragem de abordar a parte desconhecida que nos permitirá preencher o vazio criado pela falta de informação correta, levando-nos a fazer de nossa vida uma obra de arte. Porque somos ainda responsáveis por definir, por meio dos nossos pensamentos, nossa consciência do aqui e do agora — a única época e o único lugar em que vivemos.

3

Aqui e Agora

A história toda começa com a criação do universo. Ele foi formado em decorrência de uma gigantesca explosão, conhecida como *Big-Bang*. É amplamente aceita a teoria científica de que na época em que a explosão ocorreu, há cerca de 13 a 18 bilhões de anos, foram criados o tempo e o espaço. O conceito de tempo, como o conhecemos, poderia ser definido como o atraso com que, aos nossos olhos, os eventos costumam acontecer. O conceito de espaço é o do lugar, ocupado ou não, onde se percebe a existência do universo.

Teoricamente, o universo contém aproximadamente 100 bilhões de galáxias. Nosso sistema solar está numa delas, a Via-Láctea, que contém pelo menos 200 bilhões de estrelas, das quais o nosso Sol é uma das menores. A Terra ocupa espaço como o terceiro planeta do sistema solar, depois de Mercúrio e Vênus. Nós, como seres físicos, ocupamos espaço na Terra num tempo em particular – o tempo que se manifesta como o único momento em que estamos vivos. Nesse contexto, é importante termos uma idéia sobre quando e onde vivemos. A resposta é: no *Aqui e Agora*, mesmo se estivéssemos num outro planeta ou em outro universo (se houver mais de um).

Precisamos definir nossa vida com relação ao tempo e ao espaço, porque estamos vivendo uma experiência humana, uma existência física que parece limitada por esses dois conceitos. Ela está limitada pelo tempo porque – de acordo com o sistema de segundos, minutos, horas, dias, semanas, meses, anos, séculos, eras, que nós humanos estabelecemos – não duramos, como expressão física, para sempre. Podemos viver por aproximadamente cem anos, contanto que cuidemos bem de nosso corpo. E nossa existência física é limitada no espaço porque não podemos estar em vários lugares ao mesmo tempo. Só podemos estar em um único lugar (aqui) em uma porção do tempo (agora).

Claro que podemos estar em um lugar num momento depois do outro, ou voltarmos para estar no mesmo lugar em outro momento, logo a seguir ou muito tempo depois de quando estivemos ali – aparentemente podemos estar no mesmo lugar outra vez, mas nunca no mesmo momento, nunca outra vez no mesmo agora. Embora pareça contraditório, o lugar também não é exatamente o mesmo que era em outro momento, pois o *lugar* também muda. As partículas atômicas do aqui anterior apresentarão condições diferentes em cada momento. *O aqui nunca é o mesmo, de momento para momento.*

Neste momento, podemos apenas nos lembrar de locais e momentos anteriores, nos quais estávamos vivos. Nós os chamamos de passado. Da mesma forma, é só no presente momento que podemos esperar estar vivos nos momentos e lugares que estão por vir, os quais identificamos como futuro – embora ele ainda não exista para nós. O futuro só vai existir para nós quando se tornar o presente, isto é, quando deixar de ser futuro. Ele é o momento que nunca foi vivido, porque o futuro não existe, exceto em nossa imaginação. Da mesma forma, não existe o passado, somente em nossa memória individual ou coletiva ou no registro de eventos em arquivos.

Por estarmos sempre no agora e por termos apenas isso, se tivermos uma dor que dure algumas horas, ela terá durado por uma seqüência de lugares e momentos, porque a dor é um fenômeno contínuo que transcende o *aqui e agora*, um após outro. Poderíamos morrer no terceiro *aqui e agora* depois que a dor se iniciou e a partir dali a dor não mais seria sentida. Mas, se continuarmos a viver, continuaremos a senti-la. Quando, por qualquer razão, a dor passa, não vamos senti-la no próximo *aqui e agora*, ou ela poderá ser interrompida por diversos *aqui e agora* até desaparecer completamente.

Podemos ter sensações que perdurem através do tempo e do espaço: sensações negativas, como a raiva ou a dor física; ou positivas, como o amor e o bem-estar físico. Mas vivemos apenas um *aqui e agora* de cada vez. No *aqui e agora* anterior, *estávamos* vivos e no próximo *talvez* estejamos vivos; mas o anterior já se foi, enquanto o próximo ainda não chegou.

Se você quiser ter uma idéia melhor de um *aqui e agora* , basta pegar uma das fotos em que você aparece e observar como *o aqui e o agora* foi capturado nela, congelado no tempo e no espaço. Caso você se lembre de como se sentia quando a foto foi tirada e se, por um momento, conseguir sentir o mesmo novamente, vai perceber que a mesma sensação está ocorrendo num momento e num lugar diferentes – um *aqui e agora* diferente.

Se não estivermos desfrutando a vida, aproveitando o único *aqui e agora* em que sempre estamos, estamos desperdiçando-o! Ele não poderá ser trazido de volta. Ele se tornará uma parte da existência física real na qual não estivemos conscientes, porque não tiramos proveito dele desfrutando-o de forma consciente!

Quando descobrimos que escolhemos todos os sentimentos e emoções por meio dos pensamentos, que temos o poder de controlá-los e que podemos escolher como e o que sentir, a qualquer hora, será fácil concluir que também podemos escolher quando podemos ser felizes e viver em paz em qualquer hora e lugar, independentemente do empenho que seja necessário para desenvolver a capacidade que nos leva a conseguir esse maravilhoso resultado.

Não precisamos redefinir nossa vida em termos de tempo e espaço só para entender isso, mas também para evitar mais desperdício de momentos preciosos da nossa existência humana, no único tempo e lugar em que ela está se manifestando.

Uma vez que entendamos quando e onde estamos – nunca antes ou depois do *aqui e agora* – precisamos limpar, sanar o *aqui e agora* no qual sempre estamos. Ele pode estar contaminado por lembranças negativas do passado ou pelo medo do futuro. Se lhe perguntassem *"onde* você está vivo?"* e você quisesse dar uma resposta precisa, poderia responder *"aqui, sempre aqui".* E, se lhe perguntassem *"quando* você está vivo?"*, você poderia responder *"agora, sempre agora",* sem contradizer nenhum ponto de vista.

Por exemplo, se você nasceu, digamos, no dia 8 de setembro de 1965, daquele dia até hoje você viveu uma porção de tempo, que é o seu passado humano. *Este exato momento* e *este lugar,* no qual você está lendo estas linhas, é o *aqui e agora.* E a porção do tempo deste momento até o dia de sua morte física será o seu futuro humano.

No entanto, sua existência no presente é grandemente afetada quando você se lembra dos seus erros, quando sente culpa ou vergonha, ou se lembra de erros dos outros que o afetaram, porque você sente raiva ao reviver mentalmente a experiência dolorosa. Tanto a culpa como a raiva são sentimentos que deprimem. Mas, como o passado se foi para sempre e isso não podemos mudar, a solução está no perdão – do qual iremos tratar no Capítulo 6. Da mesma forma, como será mostrado num capítulo posterior, seu *aqui e agora* também é afetado quando você tem medo que o futuro não seja tão bom quanto gostaria que fosse. Você então começa a ficar ansioso. A solução é a fé, a autoconfiança e a confiança no Deus interior.

O *aqui e agora* não tem passado ou presente; ele é independente deles. Somente de forma conceitual ele provém do passado e se projeta no futuro. Ele não é o passado nem o futuro, mas alguns sustentam que, conceitualmente, existe uma ligação tênue entre si. O seu *aqui e agora* e o meu *aqui e agora* são exatamente o mesmo. O nosso *aqui e agora* também é eterno! Entretanto, do ponto de vista físico ele é percebido e interpretado como uma espécie de "parênteses na eternidade". Essa é a idéia do *aqui e agora*. E isso é tudo o que há para nós, seres humanos, com relação a quando e onde estamos vivos, com relação a definirmos nossa vida em termos de tempo e espaço, com relação a algo importante do qual temos de ter consciência.

Vamos ponderar um pouco sobre isso. Imagine, por um momento, um piso de ladrilhos. Imagine-se, então, de pé sobre um dos ladrilhos. Fazendo uma comparação com o tempo, você pode considerar o ladrilho à sua frente como sendo o futuro e o ladrilho atrás de você como sendo o passado. Agora, feche os olhos e deixe sua mente tomar consciência da existência física do *aqui e agora*, representado pelos ladrilhos. Pense na vastidão do universo do qual fazemos parte. Pense, então, no momento em que estamos e no lugar que ocupamos no universo!

Você sentiu alguma coisa? Conseguiu sentir a eternidade por apenas alguns momentos? Costumo usar esse exercício, de fácil visualização, quando inicio a meditação. Ele me ajuda a com-

50 PENSAMENTO: O MAIOR DE TODOS OS PODERES

preender Deus em sua totalidade e unidade. Eu me imagino flutuando na eternidade.

O *aqui e agora* é tudo o que temos na vida. Você pode ser um bilionário, mas se não estiver desfrutando sua enorme fortuna neste *aqui e agora* (você poderá estar vivo em um instante, e no instante seguinte poderá morrer), ela não terá valor nenhum. Ela irá *para os outros* e não *com você*. Portanto, use o *aqui e agora*. Disponha-se a ser feliz nele. Não desperdice nenhum *aqui e agora*, porque ele é irrecuperável.

E você pode aproveitá-lo com ou sem recursos financeiros, o que não tem nada a ver com sua felicidade. Você pode alegar que seria mais feliz *com* dinheiro, mas posso lhe dizer que isso só ocorre porque você aprendeu a relacionar a felicidade com o dinheiro. A verdade é que não vale a pena desperdiçar seu *aqui e agora* por dinheiro nenhum! O *aqui e agora* é, em si, a maior dádiva da vida – seu precioso presente.

Por outro lado, é bom aprender – ou, se você já sabe, então relembrar – que a felicidade é totalmente grátis, principalmente para aqueles que aprendem a ter paz no presente e a dar um rumo e um significado à vida. Sei que é bom e muito útil ter dinheiro. Também gosto dele. E sei aproveitá-lo. Não há nada de errado com isso. Mas o fato é que o dinheiro não é imprescindível para a felicidade!

Toda a sua fortuna, sua real e autêntica riqueza, é o seu *aqui e agora*. Ele é o momento no qual você está vivendo – e ele não vai esperar que você resolva aproveitá-lo. Ou você o aproveita ou ele será perdido para sempre, e nesse caso ele terá sido desperdiçado! Esse é um aspecto físico da nossa existência humana. Se não aproveitarmos o *aqui e agora*, ele não esperará por nós. Ele nunca mais vai voltar. *Terá partido para sempre.*

4

Sentimentos e Emoções

Agora vamos falar sobre sentimentos e emoções. Você já sabe que ambos são de sua responsabilidade (você tem a obrigação de responder por eles, ninguém mais). Se não desenvolver ou melhorar sua capacidade de dar respostas (afinal, é isso que significa responsabilidade), efetuando as mudanças em sua vida que você considera essenciais para lidar consigo mesmo, com seus entes queridos e com os outros, você estará reduzindo significativamente suas chances de aperfeiçoamento.

Você percebe que apenas no *aqui e agora* é que consegue amar, sentir, abraçar, beijar? Você *pode* fazê-lo. Você *pode* ser feliz. Da mesma forma, no *aqui e agora*, usando seu livre-arbítrio, você pode odiar, pode optar por não decidir coisa nenhuma, pode ter todos os sentimentos negativos que quiser e ser tão infeliz quanto desejar.

Se eu lhe perguntasse "Como você quer passar o próximo *aqui e agora*? Sentindo-se bem ou sentindo-se mal?", tenho certeza de que você iria responder "Sentindo-me bem, em paz". Não iria responder conscientemente que queria se sentir mal. (Ou iria?) Então, se você gosta do bem–estar e da paz, por que teve momentos ruins na sua vida? (Está bem! Provavelmente não tinha tido conhecimento de todas as informações contidas neste livro!)

Ao discutir esse assunto com a platéia, numa apresentação, para verificar o quanto éramos peritos em sofrer sem necessidade, pedi que levantasse o braço quem pudesse, sem muito esforço, sentir-se infeliz. Sugeri que os ouvintes se lembrassem de algum acontecimento negativo do passado ou que pensassem em algo que pudesse dar errado no futuro ou interpretassem de forma negativa o que estava ocorrendo em suas vidas naquele exato momento.

O auditório inteiro levantou os braços!

Então pedi para levantar o braço quem pudesse, sem muito esforço, sentir-se *feliz* por estar aproveitando o que estava vivendo naquele exato momento, principalmente por estar consciente de:

1. Ser um ser espiritual vivendo experiências humanas;

2. Suas condições de vida e sua liberdade de poder interpretá-las da maneira que quisessem.

Ninguém levantou o braço. A justificativa era quase unânime. Ninguém havia aprendido ainda a fazer isso. Todos concordaram, no entanto, que podemos ficar felizes simplesmente por nos dar conta de que existimos. Todos entenderam o objetivo do teste. Todos entenderam que era possível e mesmo "certo" resolver aproveitar a vida. Mas todos admitiram ter falta de prática e de capacidade para aproveitá-la, o que era resultado de toda uma vida adotando pontos de vista falsos.

Sempre existe a necessidade de mudar. *Você pode mudar sempre que quiser fazer isso.* E pode receber todo o apoio necessário de você mesmo, do seu eu interior. É verdade que Deus ajuda quem se ajuda. Mas eis aqui o seu dilema, pois você chegou à conclusão de que não tem nenhuma desculpa para não ser feliz. Tam-

SENTIMENTOS E EMOÇÕES 53

pouco há desculpa para você deixar de assumir a responsabilidade por sua vida, para ter a felicidade que é sua por direito, porque nada ou ninguém o está privando dela, a não ser você mesmo! — e provavelmente pelo efeito paradigma. A felicidade é para todos. Diz o Dalai Lama: "A única finalidade da vida é a felicidade."

A situação da sua família, suas condições de trabalho e o cargo que você ocupa não são desculpas. Mas, se você decidir ser feliz, imediatamente começam a melhorar a sua vida em família, seu trabalho e sua condição social. Ao mudar interiormente, tudo à sua volta começa a melhorar, simplesmente porque a alegria de viver vem de dentro e não de fora.

E depois de optar por ser feliz, a próxima escolha é se empenhar para melhorar sua capacidade de reagir melhor a si mesmo e aos outros. Não só você vai melhorar o relacionamento com sua família, com a comunidade, mas também irá melhor no trabalho e poderá aproveitar tanto a sensação de um trabalho bem-feito como as recompensas que virão como conseqüência.

A essa altura já deve estar bem claro que não importa o que possa estar acontecendo no *aqui e agora*, você pode encarar e resolver, ou aproveitar. Você não tem que sofrer por coisas passadas ou pelo medo do futuro. No presente, exceto por ferimentos físicos, nada pode afetá-lo, pois, aprendendo *como* pensar, você também aprende a escolher sua interpretação das condições, efeitos e situações externas.

Sentir bem-estar no *aqui e agora* significa não sofrer — sofrimento que é principalmente fruto de sentimentos auto-impostos, como culpa, raiva e medo. A ausência de sofrimento abre espaço para a paz. A paz abre espaço para a felicidade.

Mudar não é fácil. Entender e em seguida incorporar todos esses fatos não é fácil. Isso requer dedicação a atividades espiritualistas e a busca de um ambiente espiritualizado que apóie seus

54 PENSAMENTO: O MAIOR DE TODOS OS PODERES

esforços para melhorar. Sugiro que você verifique as alternativas e em seguida escolha o ambiente que irá ajudá-lo em sua busca.

Tentar viver esta existência humana sem compreender que somos seres espirituais é como ignorar nossa necessidade de ar para respirar. Você pode negar que é um ser espiritual, mas ainda assim continuará a sê-lo. A aceitação o levará a concluir que você é uma manifestação de Deus, um Filho de Deus, uma criatura de Deus, com os mesmos direitos que todos têm; porque Deus não faz distinção entre as pessoas, como nós costumamos fazer por ignorância. Você logo perceberá que Deus está dentro de você, que você carrega esse Poder que é maior que seu eu físico, maior que todos nós, e que quer ser seu permanente conselheiro e provedor, bastando você querer.

Para ter uma vida melhor e sem sofrimento desnecessário, é muito importante que você pratique atividades espiritualistas, sozinho ou em conjunto com outras pessoas que apóiem sua decisão de viver melhor. Porque nenhum sofrimento é justificável. Ainda assim, em geral não percebemos a necessidade de mudar nossa vida para melhor, a menos que o sofrimento agudo nos obrigue. Estamos muito acostumados a seguir o que aprendemos!

Como somos seres espirituais vivendo uma existência humana, uma existência que pode ser resumida no *aqui e agora*, necessitamos de apoio espiritual para compreender nossa manifestação humana. Se estamos infelizes é porque estamos nos afastando da consciência física e espiritual da experiência maravilhosa que é a vida.

Certas condições temporárias desta vida, que interpretamos como "problemas", absorvem muito da nossa atenção. Essas condições sempre vão existir; mas, se você tiver uma formação espiritual, saberá que não existem "problemas". Os assim chamados

SENTIMENTOS E EMOÇÕES

problemas são o resultado de nossa maneira de pensar, do tipo de crença que temos e, conseqüentemente, da maneira como interpretamos nossas condições temporárias de vida. Deixaremos de sentir essas condições, que chamamos de "problemas", quando esse momento passar — mais um *aqui e agora* que terá passado. Um outro conjunto de aparências que terá desaparecido!

Claro que, quando sentimos dor — uma dor de dente, por exemplo — não é fácil negá-la. Não conseguimos ignorá-la, não conseguimos fingir que não a sentimos. Precisamos lidar com ela da melhor maneira possível naquele momento, e a solução é tomar um analgésico ou então ir ao dentista. E, tão logo a dor passe, faremos tudo ao nosso alcance para evitar repetir essa experiência.

Note a diferença: no presente, podemos mudar as condições em que estamos. Você diria que pode resolver "problemas", mas deixe-me insistir que os que existem são *condições que você interpreta como "problemas"*. No presente, você pode reagir e mudar a si próprio e muitas das condições externas que o rodeiam. Você não consegue mudar o passado — pode, sim, mudar o modo de interpretá-lo. Da mesma forma, não pode criar o futuro no presente, o que pode é fazer planos, com uma visão de como gostaria que ele fosse — e fazer no *aqui e agora* aquilo que está a seu alcance para que isso se realize.

Quando você vem a entender as origens da vida em suas múltiplas expressões e compreende o maravilhoso modelo do universo, seu conteúdo e a história de como nós, seres humanos, viemos a existir neste pequeno planeta Terra, concluirá que não somos resultado de um simples fenômeno biológico. Somos resultado de um plano divino muito preciso, de um extraordinário processo de evolução, com um grande propósito. É quando do você fica admirado! Existe uma Grande Inteligência projetando os Seus pensamentos através do universo, que é, também, o corpo Dela. Todos somos, da mesma forma, pequenas "ramificações" dessa grande Inteligência. Essas convicções fortalecem o seu conhecimento intelectual, sua estabilidade emocional e sua reação física a essa vida, neste ambiente maravilhoso que nos foi concedido.

O *aqui e agora* é uma expressão muito usada por poetas e escritores e que muitos apreciam, principalmente os românticos. No entanto, o *aqui e agora* é algo que transcende a compreensão mais simples. É tudo o que temos e está aí para aproveitarmos. Quando não nos damos conta do *aqui e agora* ou não compreendemos o que está ocorrendo neste exato *aqui e agora* em que estamos, então sofremos.

5

Liberdade Total

Podemos fazer a coisa certa no *aqui e agora* ou então fazer o oposto, a coisa errada (independentemente das conseqüências), devido ao nosso livre-arbítrio como seres espirituais vivendo uma existência humana. Qual é a coisa certa (ou errada) para se fazer (ou se deixar de fazer)? A coisa certa é nunca violarmos as leis e os princípios naturais do universo, porque teremos que arcar com as conseqüências.

De acordo com o mesmo raciocínio, convém respeitar as leis humanas, ainda que não concordemos com elas. Se você discordar de alguma lei humana, faça algo prático para promover a sua mudança, mas não a transgrida. Independentemente da existência de penas ou multas, não infrinja nenhuma lei humana, porque você não tem esse direito e estará correndo um risco desnecessário de ser punido. Não viole a lei, mesmo que tenha oportunidade, porque será uma fraude. Em vez disso, procure formas de melhorar a legislação. Não precisamos violar nenhuma lei para termos uma existência humana feliz e satisfatória. Precisamos, isto sim, observar rigorosamente as leis naturais ou os princípios do universo.

58   PENSAMENTO: O MAIOR DE TODOS OS PODERES

A liberdade pressupõe o direito de escolher. Você pode escolher *o que, por que, onde, quem, quando* e *como*. Se você escolher errado, pode, a qualquer momento, mudar de atitude e tornar a escolher. Nossa liberdade não tem limites. A liberdade é total. A liberdade é a vontade em ação.

Pode-se perceber a necessidade de mudança de atitude ou de comportamento num relacionamento pessoal, no trabalho ou nos negócios. Pode ser necessário treinamento apropriado ou informação específica. De qualquer forma, como você já deve ter aprendido, as pessoas acabam fazendo o que querem. Elas usarão o livre-arbítrio para mudar para melhor, para pior ou para não mudar. E se elas não mudarem para melhor? Nesse caso, você poderá usar o livre-arbítrio para fazer as mudanças necessárias por si.

Você pode mudar de colegas, mudar de emprego, demitir um subordinado, escolher outro fornecedor, procurar um outro cliente, mudar-se para outra cidade ou mudar sua interpretação sobre uma condição em particular. Somos livres o tempo todo. Não efetuando nenhuma mudança você estará, da mesma forma, fazendo uso de sua liberdade. Você estará decidindo livremente *não* mudar nada. É por isso que não há por que reclamar de nenhum acontecimento da vida.

É necessário compreender o melhor possível a liberdade individual, assim como, nos negócios, precisamos entender o mercado e a liberdade associada a ele. Podemos observar uma manifestação de grande liberdade quando deixamos, por exemplo, a real economia de mercado se manifestar, sem intervenção do governo, sem monopólios, privilégios ou forças externas que limitem o livre comércio de bens e serviços. Negociantes experientes sabem que a violação das leis naturais do mercado acaba por levar quem as violou a pagar muito caro.

As pessoas que aprenderam *como* pensar não querem violar nenhuma lei ou princípio. Elas mostram compreender que os outros também são seres espirituais vivendo experiências humanas e que também têm livre-arbítrio. Aí é que reside a única diferença entre aqueles que aprenderam *como* pensar e aqueles que vivem com o *que* pensar, conforme aprenderam. Os primeiros estão conscientes de sua condição de seres espirituais e sabem como usar sua capacidade ilimitada. Os últimos, não sabendo dessa dádiva, não podem usá-la até que se submetam à mudança radical aqui proposta.

Como é que poderemos chegar aos estágios mais elevados da vida se não aprendermos o que é básico? O primeiro conceito básico é a paz no *aqui e agora*. Essa é a razão por que necessitamos nos concentrar no *aqui e agora* e por que precisamos aprender *como* pensar, em vez de continuarmos considerando no *que* pensar, conforme aprendemos. Precisamos desafiar para valer os nossos pontos de vista atuais. Precisamos compreender que temos a Inteligência Criativa Universal porque somos produto Dela.

Se nos dermos conta de que essa Inteligência se manifesta através de nós, como sendo nós, então *nós somos* essa Inteligência, isso eu posso lhe assegurar. A menos que cometa algum erro, você vai estar criando a fundação para o primeiro e mais importante requisito para seu desenvolvimento: a paz! A paz que você sempre desejou sempre esteve ao seu alcance, mas você nunca se deu conta disso... até agora.

Vou partilhar com você o método de conseguir ficar em paz, em primeiro lugar. Depois virá a felicidade, seguida pelo entusiasmo – e depois pela alegria de viver. Lembre-se: sabendo que você consegue, basta que você decida começar a aprender *como* pensar – porque você é pura Inteligência Universal.

60   PENSAMENTO: O MAIOR DE TODOS OS PODERES

Se você se perguntar de que é feito, Deepak Chopra lhe dirá que é de energia e informação. Ambas são manifestações da Inteligência Criativa que criou todo o universo e tudo o que existe nele. Somos, então, essa Inteligência tanto em nosso veículo físico como no eu interior! E existe algo mais?

Se você não concorda com todas essas idéias, basta que, por ora, compreenda e aceite a importância de saber *como* pensar em vez de somente saber *o que* pensar. Sabendo como pensar, cedo ou tarde você chegará às mesmas conclusões aqui contidas. Na realidade, todas essas informações têm sido reveladas, de um modo ou de outro, em inúmeros livros e publicações, por muitas pessoas. O que lhe ofereço é uma interpretação pessoal de muitas delas, bem como um relato de minhas experiências, que podem ser de vital importância para você.

Não tenho uma fórmula secreta para a felicidade, porque não existe segredo. A "fórmula", como se diz, está disponível para todos. Eu não desejaria que essa fórmula estivesse ao alcance apenas de alguns afortunados, que já são felizes, ou seja, todos aqueles que, intuitivamente ou a partir de pesquisa, depararam com essas idéias e as divulgaram em muitos livros, os quais li, e todos aqueles que inteligentemente deixaram de lado muitos dos pontos de vista errados.

Gostaria, isto sim, que essa fórmula se tornasse tão conhecida e usada quanto nosso costume de culpar outras pessoas por aquilo que sentimos e fazemos! Quando aprendemos a verdade sobre nosso relacionamento com Deus e chegamos à conclusão de que Deus está dentro de nós – e não fora, como erradamente nos ensinaram – conseguimos entender por que vamos "viver" para sempre, por que não iremos "morrer".

Isso acontece porque Deus nunca morre – porque Deus é a Eternidade. Acredito que, como entidades espirituais, criadas à imagem e semelhança de Deus, nos movemos de uma forma

LIBERDADE TOTAL

de vida para outra, numa constante evolução e em constante expansão de nosso conhecimento, da mesma forma que se expande o universo.

Sabendo disso, não precisamos mais ter medo – emoção que vai deixar de existir. É bom começar a entender que estamos fazendo uma excursão no planeta Terra – uma curta viagem de ida e volta – e que o propósito da existência humana é, fundamentalmente, aumentar nossa liberdade no *aqui e agora*. Depois, quando o atual *aqui e agora* estiver livre de impurezas e contaminações, quando começarmos a compreender claramente nosso Eu Superior, então teremos crescido no entendimento espiritual a ponto de conhecermos verdadeiramente Deus – que é a nossa meta mais importante!

Quando começarmos a entender que o *aqui e agora* é sempre um momento de cada vez e o único tempo de que dispomos, e que nós mesmos decidimos como e o que queremos sentir nele, então tomaremos consciência de que temos Deus dentro de nós, de que todos nós estamos dentro dEle, unidos a Ele. Começamos, então, a elevar e expandir nossa consciência para níveis mais elevados, com tal intensidade que ela nos transportará para outras dimensões, de manifestações espirituais mais sutis, fazendo-nos acumular experiências que nos farão sentir, como entidades espirituais individuais, cada vez mais felizes e úteis.

Muito da satisfação que sentimos em nossa vida vem da descoberta de que não existe motivo real para o sofrimento – esse sofrimento resulta apenas das crenças negativas que adotamos e da maneira negativa como interpretamos os acontecimentos e as condições externas. E mais, muito dessa satisfação está no extraordinário fato de que somos totalmente livres para usar novas formas de interpretar, a partir de agora. E é muito gratificante descobrir que nossos entes queridos não são res-

62   PENSAMENTO: O MAIOR DE TODOS OS PODERES

ponsáveis pelo nosso sofrimento, assim como acreditávamos. Entendendo que o "sofrimento" era a maneira como costumávamos reagir às condições e aos acontecimentos externos, podemos absolver nossos entes queridos da culpa que lhes imputávamos.

Os acontecimentos de que lembramos como negativos e que nos impedem de ser felizes não passam de ilusões. Por quê? Porque eles *não existem mais*. Eles não estão mais acontecendo. O que permanece é apenas sua lembrança, que, como tal, está sujeita a interpretação. Isso mesmo, *você pode mudar o passado*, mudando a interpretação do fato de que você se lembra. Você não muda o *fato* em si, pois ele *não existe* mais. Você simplesmente muda a sua *interpretação* e conseqüentemente o resultado de sua interpretação anterior.

Não temos limites para nossa felicidade, mesmo se estivermos fisicamente debilitados. Podemos ser felizes em quaisquer circunstâncias, porque a felicidade vem de estarmos felizes conosco mesmos, com o mundo e com o universo, e de termos a certeza interior de que somos Filhos de Deus e responsáveis pelo modo como usamos nosso livre-arbítrio.

Como podemos observar, nossa vida neste planeta é uma seqüência de *agoras* em uma seqüência de *aquis*. Você sempre estará em algum lugar em algum momento. Isso é tudo o que você terá na vida: o momento em que você está vivo, no lugar onde está vivo, onde quer que você esteja.

Lembre-se sempre de que, com relação a *ter*, isto é tudo o que você tem, tudo o que possui e tudo o que sempre vai ter: o eterno *aqui e agora*! Precisamos entender que lamentar o que não temos enquanto estamos vivos, qualquer que seja o objeto de nossa lamentação, é desperdiçar tudo que temos: *este precioso presente.*

LIBERDADE TOTAL

63

Em primeiro lugar, temos de aproveitar o que temos enquanto fazemos o que entendemos que devemos fazer, para obtermos o que nos falta. Não somos totalmente livres? Então não faz sentido desperdiçar qualquer momento sentindo-nos mal quando sabemos que somos livres para decidir *como queremos nos sentir*. Você é livre para dar a si próprio toda a paz que quiser, toda a felicidade que desejar — ou todo tormento ou toda a tristeza que bem entender.

Ninguém mais pode lhe dar paz ou felicidade. Você tem liberdade de escolher; mas, não esquecendo que todo o bem que não é dado é perdido, você deve decidir agora mesmo dar a si o melhor e parar de desperdiçar todo o bem que, neste momento, você não está dando a si mesmo. Você deve assumir inteira responsabilidade por qualquer coisa que você viva de *aqui e agora* em diante. Não desista com facilidade depois do primeiro fracasso — ou do primeiro sucesso. E se você optar pela tristeza, pelo menos fique ciente de que foi escolha sua!

Costumamos cumprimentar as pessoas dizendo "Como vai você?", e as respostas são "Não estou me sentindo bem hoje" ou "Estou me sentindo muito bem!" Você reparou que a pergunta foi: "Como *vai* você?", ou seja, como *está* você, e não como você *se sente?* Após um acidente, ao perguntarem como estava, um homem respondeu: "Estou em péssimo estado; minha perna está presa entre as ferragens, o osso está exposto, mas me sinto muito bem por estar vivo; todos os que estavam comigo morreram!" Você não acha que ele respondeu bem à pergunta?

Recentemente, um padre nos contou o caso de duas pessoas que tomaram o mesmo trem, para o mesmo destino. Uma delas ia de janela em janela, apreciando a paisagem, conversando com outros passageiros e comentando como era bom viajar de trem. A outra pessoa ficou em seu assento, mal-humorada o tempo inteiro. Na vida também é assim. E como você prefere

64 PENSAMENTO: O MAIOR DE TODOS OS PODERES

vivê-la? Que tipo de turista é você neste nosso planeta? Está aproveitando a viagem?

Você deve conhecer a prece "Deus, dê-me Serenidade para aceitar as coisas que não posso mudar, Coragem para mudar as que puder mudar e Sabedoria para reconhecer a diferença entre ambas". Tenho certeza de que você também achará que essa prece é muito humana. Para entender melhor o significado dela, proponho a seguinte interpretação:

1. Com a primeira frase, pedimos para ser capazes de aceitar (a) os outros (o parceiro, parentes, amigos e colegas) exatamente como são, como se comportam, porque não podemos mudá-los — eles também têm liberdade para decidir; (b) as coisas, como as condições do tempo, a localização geográfica, os sistemas políticos e econômicos e outras condições as quais não podemos mudar; (c) nosso passado e tudo que ele contém, porque isso tampouco podemos mudar.

2. Com a segunda frase, estamos pedindo estímulo para fazer mudanças naquilo que pode ser mudado. Talvez tenhamos que mudar coisas em nós mesmos. À medida que aprendemos, podemos efetuar mudanças em nós sempre que desejarmos, mas não podemos mudar os outros, porque eles têm livre-arbítrio, e assim sua própria escolha. Eles podem mudar a si próprios, individualmente. No entanto, com o consentimento deles, podemos influenciar sua vida com nossas preces. Mas você sabe que só pode mesmo fazer mudanças, de verdade, dentro de você mesmo.

Não precisamos gostar de nossos pais ou de ninguém neste mundo, a menos que resolvamos fazê-lo. Não precisamos fazer o mesmo que os outros e, por conseqüência, ter as mesmas limitações, as mesmas doenças. Nós decidimos o que fazer da nossa vida com o nosso pensamento, e, por conseguinte, podemos ser tão diferentes dos demais quanto quisermos.

Além de mudarmos a nós mesmos, podemos mudar ou influir em muitas coisas externas, contanto que não desperdicemos nosso tempo tentando mudar os outros, nem violemos nenhum princípio ou lei. Para efetuar as mudanças desejadas temos de ter a coragem de agir. Tudo o que precisamos para agir é determinar "o que" fazer, juntamente com um "por que" satisfatório. Poderemos, então, observar como vão surgindo os recursos necessários para atingirmos nossos objetivos, bem como a coragem que Deus vai nos dando.

3. A terceira frase aborda a nossa necessidade de conhecer a diferença entre algo que gostaríamos de mudar e, no entanto, não podemos (por exemplo, as outras pessoas, algumas condições externas e o passado) e algo que consideramos impossível de mudar, mas que pode ser mudado a qualquer hora, bastando para isso a decisão de mudar (por exemplo, nós mesmos, algumas condições externas, nosso medo do futuro). Podemos ter conhecimento, mas não sabedoria para fazer distinção entre ambos.

Deixe-me citar um caso de que tomei conhecimento recentemente, com relação a uma mulher que não podia se levantar da cama devido ao seu peso excessivo. Ela se acalmou e sentiu alívio quando aceitou algo que considerava que não poderia mudar – o seu peso. Estava faltando, nesse caso, o conhecimento que leva à sabedoria, pois ela podia perder peso, simplesmente não sabia ou, inconscientemente, não desejava isso. De qualquer forma, ela não mostrava nenhuma sabedoria. Essa é a razão por que aprender *como* pensar nos permite diferenciar entre os vários tipos de conhecimento; podemos ter muito conhecimento – mas não do tipo que produz sabedoria.

A sabedoria de "entender a diferença" faz toda a diferença: (a) aceitarmos os outros como eles decidiram ser, sem tentar forçá-los a mudar, mas dando a eles informações detalhadas e suficientes para que possam usar seu conhecimento e sua liberdade para efetuar mudanças que os levem a ser melhores; (b) aceitarmos o passado, com tudo o que ele contém.

6

O Passado e o Perdão

Se considerarmos o nosso passado como sendo o período que vai desde o nosso nascimento até o presente momento, precisamos entender que esse passado existe apenas em nossa consciência, porque todos os fatos que aconteceram, inclusive os mais recentes, já se foram. Eles apenas existem em nossa memória. Nossa memória neste *aqui e agora* nos diz, enquanto nos lembramos dos fatos, que fizemos coisas boas, positivas, *no passado*. Ela também nos diz que os outros também fizeram coisas boas e positivas *no passado*. Da mesma forma, lembramo-nos de algumas coisas erradas ou negativas que fizemos *no passado*. Lembramos também de coisas erradas que os outros fizeram *no passado*. E isso é tudo o que é o passado: *lembranças do que aconteceu.*

Neste momento, neste *aqui e agora*, se nos lembrarmos das coisas boas, positivas (nossas e dos outros), provavelmente vamos sorrir e ter uma sensação de bem-estar. Por outro lado, se nos lembrarmos das coisas negativas — ações que interpretamos como "fazer a coisa errada" — sentiremos culpa ou vergonha (ou ambas), embora essas coisas não estejam mais acontecendo.

68 PENSAMENTO: O MAIOR DE TODOS OS PODERES

Agora, se nos lembrarmos das coisas ruins que os outros fizeram para nós, sentiremos raiva porque estamos ressentidos com o que nos fizeram, com a dor que interpretamos como tendo sido causada por eles – então ficamos com raiva novamente. Esses fatos não estão mais acontecendo, porém, ficamos tão ressentidos com eles quanto se estivessem ocorrendo, ou mais, até, do que na época.

A consciência do *aqui e agora* nos revela que qualquer fato do passado *não* está mais acontecendo. De qualquer forma, se algo parecido estivesse acontecendo, seria um acontecimento diferente daquele do passado. Sentir culpa, arrependimento ou vergonha, quando você se lembra do que fez de errado, ou ficar com raiva pelas coisas erradas que os outros fizeram a você, impede que você tenha paz no *aqui e agora*. O sentimento de culpa ou a raiva não trazem um sentimento de paz.

Você pode deixar de sentir a paz que gostaria de ter no *aqui e agora* simplesmente por se ressentir das coisas negativas do passado. Em vez disso, pense que, como elas pertencem ao passado, já se foram. Não existem mais. Não estão mais acontecendo. Você está no *aqui e agora* e isso exclui o passado. Todas essas coisas negativas podem ter parecido reais quando estavam acontecendo; mas elas não estão mais acontecendo. Agora são apenas lembranças. E existem coisas melhores para se fazer no *aqui e agora* que vão lhe dar mais prazer.

É preciso insistir que somos seres humanos apenas *temporariamente* – seres humanos, seres físicos. Em caráter *permanente*, somos seres espirituais vindos da eternidade e indo de volta para lá – para outras existências, em outros mundos, em outras dimensões. Estamos vivendo uma existência humana entre "as demais", sintetizada num momento (agora) e num lugar (aqui). O passado existe apenas em nossa memória, e o futuro somente existe em nossa imaginação.

O melhor que podemos fazer é viver este *aqui e agora*, sem nos preocupar e principalmente sem sofrer com acontecimentos do passado. É claro que nossa memória tem uma função. Ela nos ajuda a lembrar dos erros do passado e suas conseqüências para que possamos evitá-los. Os erros nos ajudam a aprender. Quando recomendo que vivamos o momento presente quero dizer que devemos estar conscientes do *aqui e agora* **no próprio aqui e agora** — termos consciência de nossa vida no momento em que ela ocorre, usando as lições aprendidas no passado.

Da mesma forma, é inútil desperdiçar o *aqui e agora* lembrando coisas boas que aconteceram no passado enquanto podemos aproveitar o que está acontecendo no presente — aquelas possibilidades sem limites que a vida nos oferece neste exato momento. Podemos tomar consciência de muitas coisas maravilhosas, como o sabor da comida, a temperatura agradável do ambiente em que estamos, uma bonita peça musical, o perfume de uma flor, a criatividade do que estamos fazendo — tantas coisas boas que não são percebidas e aproveitadas porque não damos a devida atenção ao *aqui e agora*.

Algumas vezes, deixamos que nossos pensamentos sejam completamente absorvidos pelo passado. Apegamo-nos ao passado. A maioria de nós faz isso. Você já ouviu alguém dizer: "Ah, bons tempos aqueles!", ou "Pena que as coisas não sejam mais como antigamente!" ou "Gosto de reviver as minhas lembranças!" Essas pessoas estão vivendo no passado em vez de aproveitar o presente. Elas ainda não desenvolveram a capacidade de reagir melhor às coisas no presente. Não fizeram as mudanças necessárias, embora o mundo ao redor delas tenha mudado.

É ainda pior quando você se lembra de fatos negativos, porque, fazendo isso, você perde qualquer noção de bem-estar, a menos que tenha se reconciliado com o passado por meio do perdão, esse maravilhoso instrumento da paz. De qualquer forma, perderemos o precioso *aqui e agora* porque estaremos ocupados com pensamentos sobre o passado e o futuro. Lembranças ruins do passado trazem sentimentos de culpa ou de raiva e, de qualquer forma, depressão.

A depressão, nesse caso, é o resultado de se trazer para o *aqui e agora* as lembranças negativas do passado — ou daquilo que *consideramos* negativo, com base nos critérios que aprendemos para interpretar os acontecimentos do passado. Além de perdoar, você precisa mudar sua interpretação de "negativo". Você pode encarar suas lembranças como um *registro das suas lições* a que pode recorrer com freqüência para identificar o que você não queira repetir ou aquilo a que não queira mais se expor.

Você pode descobrir o lado bom das experiências negativas, e dele tirar partido como uma lição que pode contribuir para que você tome decisões melhores para uma vida muito melhor. Isso é crescimento! Porque estamos alcançando a maturidade ao expandir nossa consciência.

Temos que parar de ir contra nós mesmos. Precisamos nos reconciliar com o passado. Precisamos parar de achar que somos o nosso pior inimigo. Repito, a chave é o perdão. Não existe modo melhor. Podemos reconciliar nossa vida com o passado e admitir que esses acontecimentos não podem ser modificados. Podemos compreender que esses fatos já aconteceram e por isso não podem ser mudados.

Pouco tempo atrás ouvi o seguinte comentário: "Nem Deus quer mudar o passado!" É claro que não há razão para apagarmos as lições dessa escola chamada vida. Se negarmos a existência de uma lição é porque não queremos reconhecer que as lições existem e que sempre existirão enquanto durar nossa existência física — principalmente aquelas lições que vivem se repetindo até resolvermos aprendê-las.

O PASSADO E O PERDÃO

O primeiro passo é investigar a raiva causada pelo ressentimento por ofensas recebidas, porque, a qualquer momento, podemos ceder a esses ressentimentos. Quando perdoamos os outros pelo que fizeram, aprendemos a perdoar a nós mesmos por nossa culpa, a culpa que se traduz em sofrimento no *aqui e agora*.

Pode haver muitas maneiras de perdoar, mas permita-me sugerir que você use o período logo após uma sessão de meditação para fazê-lo. (Na realidade, utilizei várias sessões, uma para cada pessoa ou grupo de pessoas que queria perdoar.) Depois de um período de tranqüilidade, tendo em mente a imagem da pessoa ou grupo de pessoas e a agressão ou ofensa que quer perdoar, diga mentalmente ou em voz alta: "Eu o(s) perdôo por _____", e seja bem específico! Essa declaração é para o seu próprio bem. Faça isso e perdoe. Você não vai se esquecer do que ocorreu, mas poderá deixar isso de lado e relaxar.

Perdoar não significa aprovar as atitudes que o afetaram. Se formos capazes de perdoar os outros de forma sincera, de coração, então seremos capazes de perdoar a nós mesmos e recuperar a liberdade e a paz que merecemos gozar no *aqui e agora* — a liberdade que perdemos por ignorância. Em outras palavras, estaremos nos liberando para usar nossa liberdade natural de viver em paz. Um dos trechos de nossa principal oração é "Perdoai as nossas ofensas assim como perdoamos a quem nos tem ofendido".

Perdoar a nós mesmos significa ver claramente os nossos erros, propositais ou não, e fazer uma lista daqueles que nos inspiram um sentimento de culpa. Nessa lista podemos incluir erros não propositais, como termos aprendido somente no *que* pensar em vez de *como* pensar; o fato de sustentarmos crenças, doutrinas, convicções, filosofias ou práticas falsas.

Além de perdoar alguém, depois de uma sessão de meditação, declare para você mesmo, em silêncio ou em voz alta: "Eu me perdôo por _____, consciente do fato de que Deus está dentro de mim e assim *Ele é* eu." Então faça isso e perdoe, libertando o passado de vez. A liberação da parte negativa do passado equivale à paz no *aqui e agora*. Significa também economizar a energia que você vinha usando para lidar com a raiva e com a culpa, e usá-la em coisas mais úteis.

É evidente que, se você puder pedir perdão diretamente para aqueles que ofendeu ou se puder consertar algo que tenha feito de errado no passado sem causar um mal ainda maior, essa é a melhor maneira de recuperar a paz. Entretanto, se achar que poderá causar mais problema, evite aproximar-se da parte ofendida. Mas pare de sofrer agora por algo que ocorreu no passado e que não pode mais ser mudado. O seu sofrimento em nada mudará o passado. Apenas afetará sua vida no presente, o que é um desperdício desnecessário. Se você se perdoa, recupera a parte de sua vida em que costumava sentir culpa, vergonha ou ambas. É claro que continuaremos a nos lembrar dos fatos negativos do passado, mas não sentiremos mais raiva ou culpa – porque perdoamos e, com isso, nos reconciliamos com o passado.

Se, ainda assim, não nos sentirmos bem, sentir-nos-emos melhor logo que nos lembrarmos de que já perdoamos. Não é fácil mudar um modo de vida que está conosco desde muito tempo, quando começamos a entender o processo de mudança. Se nos lembrarmos constantemente que já perdoamos, então conseguiremos nos reconciliar com o passado, e esse passado não vai mais nos incomodar. Que alívio! Que libertação!

A partir de então, não nos preocuparemos mais em relembrar os bons tempos, porque estaremos ocupados em aproveitar o *aqui e agora*, em tudo o que ele tem para nos oferecer: no-

O PASSADO E O PERDÃO

vas e enriquecedoras experiências de pura vida boa – não lembranças do passado ou utopias. Perdoar nos dá força. Um coração partido que tenha a capacidade de perdoar torna-se forte para prosseguir em paz na vida. Isso, em troca, forma a base sobre a qual pode ser construída a felicidade em nossa vida. Não nos esqueçamos de que, se a paz não estiver em primeiro lugar, não conseguiremos ser felizes.

O fato de não perdoar só pode contribuir para sofrermos dor no *aqui e agora*, mesmo que tiremos partido da ofensa recebida ou que a dor seja parte importante da nossa vida – como se tivéssemos receio de não ser mais nada sem essa "nossa" história de sofrimento.

Algumas vezes, pensamos ter perdoado quando não o fizemos, realmente. Quando isso acontece, os efeitos de não termos perdoado continuam a existir até que realmente perdoemos. Mas somente você poderá saber quando isso acontece.

Falamos de perdão, mas por que precisamos perdoar? As pessoas que nos magoam não *merecem* ser perdoadas, elas *merecem* ser *castigadas*, não é mesmo? E, se perdoarmos, poderemos sentir que estamos fechando os olhos para aquilo que fizeram, ou que estamos fazendo com que se sintam melhor, apesar do que fizeram.

Isso não é verdade. Podemos e até devemos fazer uma distinção entre essas duas coisas. Não temos que fechar os olhos para o que as pessoas fazem, mas precisamos perdoar para sentir a paz interior. Não perdoar é nos colocarmos contra nós mesmos. Não perdoar de modo algum afeta a quem nos ofendeu ou agrediu e que pode nem estar se dando conta do quanto temos raiva. Decidir não perdoar, depois de lembrar um fato interpretado como ofensa ou agressão, somente causará mal a nós mesmos.

74 PENSAMENTO: O MAIOR DE TODOS OS PODERES

A pessoa que nos ofendeu pode até ter morrido enquanto alimentamos esse sentimento negativo de raiva que nos corrói por dentro. A lembrança da ofensa em si pode ser muito mais dolorosa do que a própria agressão ou ofensa, na época em que ocorreu. Você precisa entender que o fato de não perdoar só vai incomodar a você mesmo. Não vai incomodar, de forma alguma, quem o ofendeu ou agrediu.

Não precisamos de mais sofrimento, de mais mágoa. Somos livres para usar qualquer recurso a nosso alcance para deixar de sofrer desnecessariamente, por causa de uma agressão ou ofensa que aconteceu no passado. Mas, ao resolvermos não perdoar, embora podendo fazê-lo, com certeza estaremos nos colocando contra nós mesmos. O importante é que você reconheça que a raiva está em você – não está naquele que o ofendeu ou agrediu. Você fomentou essa raiva pela ofensa ou agressão recebida, mas a raiva em nada ajuda você a viver melhor ou a aproveitar a vida. Você precisa perdoar, se ainda sofre com isso.

Não é a vingança ou a represália que reconcilia você com o passado, é o perdão. Porque perdoando você estará fazendo um favor a si mesmo e não a quem o ofendeu ou agrediu. A importância de perdoar está no fato de isso nos livrar do constante rancor que nos faz sentir raiva um momento após o outro, enquanto nos lembramos de algo do passado que já se foi e só existe em nossa memória.

Perdoar é importante para seu próprio bem, para sua saúde e para seu bem-estar. Você precisa perdoar, mesmo que não consiga fechar os olhos para algo errado. Perdoar é purificar a vida, é uma catarse, uma depuração. Se você perdoa, aproveita, em primeiro lugar, o fato de ter aprendido *como* perdoar e, em segundo, você sente a paz de espírito necessária para ser feliz. Lembre-se de que, uma vez que você tenha perdoado sincera-

O PASSADO E O PERDÃO 75

mente, você desenvolveu a capacidade de perdoar, que irá usar mais tarde para perdoar a si mesmo.

Depois de perdoar, cada vez que você se lembrar do fato acontecido, também vai se lembrar de que *já* perdoou, que isso não está mais acontecendo e que você já se reconciliou com essa parte do passado. Se isso não acontecer, só pode ser porque você não foi sincero quando perdoou. É esse o caso. A solução é: volte a perdoar até sentir paz interior. Perdoe e mentalmente liberte o passado.

Na época em que algo aconteceu, você aceitou o fato como sendo real para você. Agora entende que isso é uma das coisas que você não pode mudar porque já aconteceu. Não é necessário mudar a interpretação que você fez desse fato quando ele ocorreu, mas você precisa perdoá-lo. (Você terá a oportunidade de mudar sua interpretação mais tarde, se ainda quiser.)

Suponha que você foi enganado por alguém que roubou de você uma certa quantia em dinheiro. A meu ver, existem duas lições que você pode tirar desse fato, depois que a raiva diminuir: você deve tomar medidas imediatas para evitar outros prejuízos, se possível, e você pode muito bem resolver que nunca fará com os outros aquilo que fizeram com você, não somente devido à sua integridade moral, mas também por saber agora o que acontece quando alguém é enganado dessa forma.

Isso está definindo suas atitudes no futuro, portanto seu comportamento futuro. Você entende o benefício? Os fatos do passado que produzem raiva não são necessariamente ruins. Eles pertencem ao passado – não estão mais aqui. Nós é que trazemos para cá, para nos incomodar, o que não desejamos. Enquanto isso, aqueles que originaram esses fatos provavelmente nem pensam mais neles. Eles devem ter até nos esquecido – mas nós estamos mantendo vivo esse acontecimento do passado, dando-lhe força e deixando que ele nos afete. Não podemos culpar o causador por aquilo que sentimos ou porque o fato ainda nos incomoda por não o termos perdoado.

Passar a vida toda com raiva é quase como tomar dia a dia pequenas doses de veneno. Estamos constantemente envenenando nosso sistema vital. Mesmo se chegarmos à conclusão de que aquele que nos ofendeu ou agrediu não merece o nosso perdão, a verdade é que *nós* o merecemos. Merecemos perdoar e interromper o envenenamento. Merecemos paz no *aqui e agora*.

Vamos pôr à prova a intensidade do nosso perdão. Se sabemos que concedemos o perdão – se achamos que perdoamos de forma autêntica, do fundo do coração – então conseguiremos enxergar Deus naquele que perdoamos e irradiar nosso amor para ele. *Se você conseguir irradiar seu amor, a lembrança das ofensas nunca mais irá afetá-lo.*

A razão de perdoarmos é garantir nossa paz no *aqui e agora*. Por outro lado, a razão de ficarmos conscientes de que não estamos separados de Deus, que confiamos nEle – o Deus interior – é acabar com a ansiedade com relação ao futuro, e ter paz no *aqui e agora*.

Essa é a chave. Essa é a maneira de sermos felizes. Você não conseguirá ser feliz se, antes, não estiver em paz. Não conseguirá se motivar se não estiver feliz; e por fim, você não conseguirá aproveitar a vida se não for capaz de perdoar ou de confiar em Deus.

7

O Futuro
e a Fé

Vamos agora falar sobre o futuro. O futuro tem mais ou menos as mesmas características do passado. Nós consideramos positivas as nossas ações futuras e as dos outros, principalmente aquelas que serão benéficas para nós. Elas são denominadas sonhos, elaborados por uma atitude positiva perante a vida, e é a partir deles que devemos ter uma visão clara do nosso futuro.

Infelizmente muitas pessoas têm medo; medo de que as coisas boas, que elas esperam, não se tornem realidade e que as coisas que não desejam venham a acontecer. O medo está relacionado ao futuro como um todo ou apenas uma parte dele, mas, de uma forma ou de outra, *as pessoas têm medo*. Acabam desenvolvendo uma expectativa de perda, uma expectativa de dor, que pode assumir proporções consideráveis, mesmo antes de terem acontecido, e ainda pior, podem nunca ocorrer na intensidade de suas preocupações. O medo de que certas coisas aconteçam (ou de que não aconteçam) e o desperdício de energia que decorre desse fato, geram um efeito paralisador que nos deixa sem reação e nos impede de agir com responsabilidade.

Quando estamos com medo, imaginamos um futuro negro tanto para nós mesmos quanto para os outros. Tais pensamentos nos causam ansiedade, pois em geral estão relacionados a perdas, dores e sofrimento. Ei-nos aqui, vivendo neste *aqui e agora* sob os efeitos da depressão causada pela raiva e pela culpa. Ou sentindo os efeitos da ansiedade gerada pelo medo. Ou sofrendo por ambos. Isso é, em boa parte, a causa de nossas neuroses. Essa é a razão por que muitas pessoas não se dão conta de que estão vivendo fora da realidade.

A realidade de nossa vida física limita-se ao *aqui e agora*, porque o passado já se foi e o futuro ainda não existe. O *aqui e agora* é real porque é onde e quando se manifesta a nossa existência humana – o único momento e lugar –, a única realidade, de qualquer ponto de vista do nosso mundo físico.

O passado, que era real enquanto acontecia, é como uma miragem que se desfez. O futuro é apenas uma ilusão da nossa mente e não se torna realidade a menos que se concretize no *aqui e agora*, que é tudo o que temos. Nada do passado ou do futuro é verdadeiramente real para nós, exceto o que está acontecendo no *aqui e agora*. Por outro lado, a única Realidade no Universo é Deus. Se entendermos isso, certamente vamos construir um futuro positivo no *aqui e agora*, por entender que tudo o que acontece está contido nele.

Você pode planejar futuros *aqui e agora* no atual *aqui e agora*, visualizá-los e, se possível, produzir uma versão bastante clara de como deverá ser o restante de sua vida. Você será, no futuro, aquilo que acha que será, porque você é um produto de seus pensamentos. Você terá, no futuro, tudo de bom que imagina e visualiza hoje, ou todo o mal que teme. Veja bem, se você quer ter algo diferente do que teme, mude de idéia, mude seus pensamentos, e, como conseqüência, mudará sua vida. Se quer deter-

O FUTURO E A FÉ

minar o seu futuro, você deve definir claramente o que quer —
e vai alcançá-lo!

Em vez de ficar *pré*-ocupado com o futuro, *ocupe-se* em pla-
nejá-lo. Há muito espaço para nossos sonhos e esperanças. Caso você fique com medo, o que depois acaba se tornando ansiedade, lance mão da única solução reconhecidamente aceita por
filósofos, líderes religiosos e profissionais que ajudam a resolver
problemas emocionais. Essa solução é a fé. A fé é o antídoto para
o medo e para todas as manifestações de ansiedade. A fé produz
a paz verdadeira no *aqui e agora*! É uma pena verificar que muitos daqueles que dizem ter fé, na verdade não a têm. Tampouco
sabem como usá-la. Muitos nem mesmo sabem como *ter* fé.

Muitos dizem ter fé, mas não acreditam que terão sucesso
naquilo que planejam. Isso apenas comprova que eles *não* têm a
fé que apregoam. Você não consegue ter *um pouco* de fé ou *meia*
fé. Ou você tem fé ou não tem. Da mesma forma que não existe
mulher *um pouco* grávida ou *meio* grávida. Ou a mulher está grávida ou não está. Ou você acredita em Deus ou não acredita.

É verdade que a fé parece algo abstrato, subjetivo ou invisível. Mas todos conhecemos ou já vimos o resultado da fé; e
isso a torna visível. A fé é o sentimento verdadeiro, autêntico,
de certeza de que podemos usar o poder de Deus, o poder da
Inteligência Universal, onipresente, que está dentro de nós e, por
estar em nós, *é* nós.

Todos nós nos lembramos dos "grandes milagres" que aconteceram em nossa vida — coisas que pedimos, às vezes em
momentos de desespero, e que se tornaram realidade sem qualquer explicação lógica. Esquecemo-nos desses "milagres" porque
não conseguimos explicar como aconteceram. Eles aconteceram
pela *fé*, você pode estar certo.

Se temos medo de que Deus não ouça nossas preces, é porque aprendemos a ter medo em vez de acreditarmos que conhe-

80 PENSAMENTO: O MAIOR DE TODOS OS PODERES

cemos Deus ou a nós mesmos. Estamos fazendo mau uso de nossa liberdade e criando o medo. O medo não passa de um poder imaginário, criado por nós simplesmente porque não acreditamos o suficiente em Deus ou em nós mesmos. Ele não passa de uma ilusão. O medo só existe como conceito, porque pode ser concebido e o é. O medo é uma das crenças equivocadas que aprendemos – não nascemos com ele. O medo não é uma entidade, é uma idéia criada pela humanidade. Por isso não devemos acreditar nele. No entanto, *acreditamos* – por falta de confiança em nossa realidade divina, por causa das crenças equivocadas sobre Deus.

As pessoas deixam de conseguir o que querem porque não percebem que acreditam mais no medo do que em Deus. E a que leva essa desconexão mental com Deus? Leva justamente àquilo de que elas têm medo! O medo é poderoso porque nós somos poderosos. As pessoas podem dar poder ao medo *ou, então*, podem colocar todo o seu poder na fé, na confiança e na esperança bem fundamentada. Não existem dois poderes, existe somente um – a Unicidade de Deus, manifestada em nós, seres humanos, porque existimos em Deus, porque Deus é tudo o que existe e porque Deus é o universo.

É preciso tomar cuidado para não acabar substituindo o medo pela fé no imaginário, ou em deuses inexistentes, como a astrologia, a cartomancia e a quiromancia. Algumas vezes queremos que alguém mais experiente nos diga o que fazer com o nosso próprio futuro, para nos "poupar" do trabalho de definirmos, nós mesmos, o que fazer.

Por que você deveria deixar alguém, com menos conhecimento a seu respeito do que você mesmo, guiá-lo e definir o seu futuro? Você percebe que é de *sua própria vida* que estamos falando e que você tem escolha? Será que você perdeu a fé em Deus, por alguma razão, a fé que tinha ao nascer? Será que você esqueceu sua origem divina, deixando-se levar pela era moderna, pela era tecnológica, a ponto de não mais acreditar em Deus? *Você já se esqueceu de Deus?*

Acredito que, quando vimos a este mundo e somos expostos a toda sorte de crenças erradas, acabamos por nos esquecer de muitas das coisas que conhecíamos, como seres espirituais que somos. Então, precisamos recuperar esses conhecimentos espirituais que perdemos. Arianna Huffington, em seu livro *The Fourth Instinct*, conta a história a seguir, que ilustra muito bem o que eu quero dizer.

Diz ela que o comentarista de rádio Gil Gross relatou a história de um casal jovem que trouxe para casa um irmãozinho para a filha de quatro anos. Imediatamente a menina quis ficar a sós com o bebê, mas os pais ficaram com medo. Eles já tinham ouvido falar sobre o ciúme das crianças em relação aos irmãos mais novos e não queriam que o bebê fosse machucado.

— Por que você quer ficar sozinha com ele? — perguntaram. — O que você vai fazer?

— Nada — respondeu a menina. — Eu só queria ficar sozinha com ele.

Como os pais não estavam seguros, a menina ouviu "não, não" e "ainda não" dia após dia.

Depois de uma semana de súplicas incessantes, os pais finalmente cederam. Colocaram um aparelho intercomunicador no quarto do bebê para escutar. Se a criança chorasse, eles poderiam entrar imediatamente e socorrer o bebê.

Assim sendo, deixaram a menina entrar sozinha. Ela caminhou silenciosamente até o berço onde seu irmão dormia. Após cerca de um minuto, pelo intercomunicador, os pais ouviram-na dizer:

82 PENSAMENTO: O MAIOR DE TODOS OS PODERES

– Fale sobre Deus. Eu já estou me esquecendo.*

Espero sinceramente que um dia possamos ajudar aos que aqui chegam a não se esquecerem de Deus, a não se desligarem dEle, como muitos de nós já fizemos!

Se você não for tão feliz quanto merece, então verifique com cuidado. Você pode ter se esquecido de Deus ou pode estar adorando o deus errado. Com certeza seria melhor você mudar seu paradigma para voltar a adorar o deus certo, percebendo que está adorando algo falso. Estou farto de ver quantas pessoas estão buscando algo diferente em que acreditar, algo confiável, pois não acreditam na idéia de um deus fora de si, principalmente um deus vingativo, que castiga. Elas não estão conscientes de que o verdadeiro Deus está dentro de cada um de nós. É verdade que, ao entenderem esse fato, aceitam-no intuitivamente, por vontade própria – como se sempre o tivessem sabido.

Essas pessoas precisam acreditar num poder forte o suficiente para apoiá-las, ampará-las até reconquistarem o controle de sua vida. Elas perderam esse controle porque não sabem *como* pensar; apenas aprenderam *o que* pensar – a informação limitada e um tanto distorcida que foi herdada e que as leva a acreditar em qualquer coisa, inclusive no medo, antes de confiar em Deus. Esses deuses imaginários não têm poder algum. Repito: é *você* que lhes dá poder. Deus está em você. Então, *você tem o poder.*

A liberdade total lhe foi concedida, e você a está usando mal por acreditar em falsos poderes. Você pode usar o poder da maneira certa, depositando fé em *si mesmo*, em sua voz interior, em Deus, que está dentro de você e, que por estar em você, *é*

---

* Arianna Huffington, *The Fourth Instinct: The Call of the Soul* (Nova York: Simon & Schuster, 1994), pp. 135-36.

você! Isso não é fantástico – e ao mesmo tempo possível e verossímil?

Existe somente Um Deus Universal que está dentro de cada um de nós e em volta de todas as pessoas, sem distinção de raça ou condição social, financeira ou política. Deus criou você inteiramente livre. Você pode usar essa liberdade para negar a verdade de que Deus está em você, mas sua negativa não muda essa verdade. Até aceitá-la, você a terá negado! Conhecer a negativa é uma grande lição. É como aprendemos. A liberdade que temos para criar deuses imaginários e depositar nossa fé nesses deuses é a mesma liberdade que podemos usar para nos ligar ao nosso eu interior e para reorientar corretamente nossa fé.

Embora você seja um ser espiritual vivendo experiências humanas, isso não significa que, automaticamente, expresse convicção espiritual. Você terá que recuperar seu senso de ligação natural, perdido porque, como ser humano, você aprendeu sobre a "separação". Isso acontece com a maioria de nós.

Observe, então, as conseqüências. Você pode ter perdido o controle de sua vida se está infeliz, se bebe, fuma, come ou joga em excesso, ou usa drogas ou é dependente de um astrólogo, quiromante ou cartomante, ou mesmo se trabalha em excesso. Você também perdeu o controle de sua vida se vive deprimido ou angustiado.

Se está infeliz, então está se escondendo de sua própria vida, da fantástica alegria que representa viver esta existência humana em paz consigo mesmo e com o mundo. Não é preciso sofrer. Tudo o que você precisa é recuperar o controle sobre sua vida aprendendo *como pensar*. Saber como pensar implica ter uma base definida e confiável para recuperar o senso de ligação natural e para definir como será sua vida no futuro. Não há necessidade de negar a existência das coisas negativas, como o medo. Basta fixar-se nos pensamentos positivos, como a fé, até que eles se interiorizem em você. Por exemplo, não há necessidade de dizer: "Não tenho medo." Em vez disso proclame: "Tenho fé. Creio em Deus."

Depois de ter entendido a verdade sobre Deus e o meu eu verdadeiro, deixei de beber, depois deixei de fumar e por fim tornei-me vegetariano, além de começar a fazer exercícios para manter a boa forma. Aprendi a valorizar o meu corpo e resolvi evitar causar-lhe dano. Ao contrário, comecei a respeitá-lo e agradecer-lhe por me abrigar. Passei a entender que o meu corpo é o veículo que estou usando para ter minha existência humana. Naturalmente, essas mudanças não ocorreram de um dia para o outro. Já se passaram 17 anos. Mas foram necessários 42 anos para eu chegar aonde cheguei.

As conseqüências do meu antigo modo de vida foram desastrosas, não somente para mim, como para aqueles que amo. Foi o resultado de minha escolha de me desligar de Deus e perder o controle sobre toda a minha vida. Desliguei-me de Deus no nível consciente devido às crenças erradas que havia adotado.

Você não precisa passar pelas mesmas dificuldades e pelas experiências desastrosas por que passei para aprender o que estou compartilhando com você. Por outro lado, de nada adianta tentar prever o futuro, exceto, é claro, para fazer previsões baseadas em dados científicos, que podem ser precisos ou não. Não desperdice tempo e dinheiro com fontes de informação que lhe oferecem um vislumbre do futuro através de janelas construídas por interesses comerciais.

Suponha, por um instante, que você possa conhecer o seu futuro por esses meios comerciais e descobrir quais são as boas coisas que o futuro guarda para você. Imediatamente essas coisas deixariam de ser tão boas, porque, ao conhecê-las, deixaria de existir o elemento surpresa. Ficamos felizes quando as coisas

O FUTURO E A FÉ

realmente acontecem no presente — não quando ficamos imaginando *se* poderiam acontecer.

Suponha, agora, que você possa saber, com antecedência, as coisas ruins que vão lhe acontecer. Se você pudesse evitar que elas acontecessem, essa versão do seu futuro simplesmente deixaria de ser futuro. Algo completamente diferente aconteceria em seu lugar. Mas, se você não puder evitar que essas coisas ruins lhe aconteçam, então passará um mau bocado esperando pelo inevitável.

Como se vê, não há por que tentar conhecer o futuro, tentar conhecer os próximos *aqui e agora*, mesmo que isso fosse possível. O universo todo é perfeito; ele está em completo equilíbrio e não existe motivo para nos preocuparmos com o futuro. Temos que usar a nossa mente para planejar o futuro, para fazer com que ele aconteça ou para fazer nossas idéias tornarem-se realidade. Isso é que é planejar o futuro. Podemos resolver o que iremos fazer no próximo *aqui e agora* quando ele se tornar o *aqui e agora* atual.

Por que considerar a fé como um antídoto para o medo? Temos medo de que as coisas que desejamos possam não acontecer, possam não vir a se tornar realidade — e que as coisas que tememos venham a acontecer. Podemos achar que nunca tivemos sorte na vida, razão mais do que suficiente para termos medo. Sentimos insegurança e incerteza simplesmente porque não entendemos que existe um Poder maior ao qual podemos recorrer! Ernest Holmes, autor do livro *The Science of Mind*, afirma isso em todos os seus trabalhos.

Talvez não aceitemos a idéia de um Criador de tudo o que existe no universo, ao qual estejamos ligados porque Ele é a Causa e nós somos o Efeito. Talvez não acreditemos que esse Criador vai, com certeza, cuidar dos filhos que criou e dotou com Sua Inteligência. Essa aparente separação entre esse poder

86 PENSAMENTO: O MAIOR DE TODOS OS PODERES

e nós é que causa medo. Mas essa separação existe apenas em nossa imaginação – porque, na verdade, não estamos separados.

Quando vencemos esse preconceito – essa idéia de separação e de falta de ligação – e uma vez que reconheçamos que estamos junto de Deus, que estamos dentro de Deus e que Deus está dentro de nós, entendemos por que não devemos ter medo. Você poderá viver o hoje certo de que o Grande Provedor, que é só Amor e que está em você, está lá para apoiá-lo e para ajudá-lo. Essa crença elimina o medo de nossa existência física.

Não existe motivo para ter medo, assim como não existe motivo para ficar ansioso. Tudo isso tira de você a paz necessária para alcançar a felicidade no *aqui e agora*. Se a solução é aprender a ter fé, então por que é tão difícil conseguir sentir que a fé está realmente conosco? Por que não é fácil sentir a segurança que dela advém? Se tantas pessoas acreditam ter fé, então por que não conseguem usá-la em benefício próprio? É porque ter fé não é apenas *dizer* que se tem fé.

A fé é uma força que vem de dentro como resultado de acreditarmos verdadeiramente que estamos ligados a Deus, de estarmos permanentemente conscientes de que Deus está dentro de nós, de acreditarmos que Deus é Amor – Amor por nós! Não há nada em que se possa confiar mais do que na fé, porque ela nunca falha, seja de uma forma ou de outra. É preciso aprender como usá-la em nosso benefício.

Estamos junto de Deus e junto de todos os seres vivos do universo. Deus está em nós e ao nosso redor. Não estamos fora do universo ou separados dele. Pelo contrário, pertencemos ao universo. O universo não é somente uma idéia com a qual você se acostuma ao olhar para o céu, à noite, em seu quintal. O universo é o corpo e a mente de Deus.

O FUTURO E A FÉ

Devemos agradecer às pessoas que relataram suas experiências de quase-morte. Graças a elas, podemos confirmar que há *algo mais* além da chamada morte clínica, do que a total escuridão, o fim de tudo. Após ter lido vários livros publicados sobre a matéria e de ter assistido a programas com pessoas que tiveram essas experiências, cheguei a algumas conclusões que desejo compartilhar com você:

1. Sentimentos e emoções são coisas completamente diferentes. Os sentimentos parecem pertencer ao nosso espírito, àquela parte imortal que temos. Já as emoções, estas parecem ser reações físicas ao que passamos. Assim, os sentimentos acompanham o ser espiritual, conforme as declarações daquelas testemunhas, que descrevem os "sentimentos de amor, de paz, de compreensão" que tiveram. Por outro lado, a entidade espiritual não tem emoções, devido ao fato de que, depois da "morte", ela é liberada do mundo físico, do corpo, o qual, este sim, é preparado para reagir a estímulos — reações que variam de acordo com a interpretação pessoal desses estímulos.

Observe como muitas pessoas testemunham que, algum tempo após a morte, sentiram paz e amor. Sentimentos são a maneira sutil como funciona a alma, como nosso eu interior *sente*, agora sem o corpo! Não existe mais o medo ou a raiva. Entra-se numa dimensão de alegria permanente. Toda aflição e toda tensão desaparecem; não as sentimos mais! Emoções como ansiedade, culpa, ressentimento, medo, raiva e outras do gênero parecem pertencer ao ambiente físico. Num sentido mais amplo, parecem ser instrumentos de proteção das pessoas no mundo físico.

2. Todas as "testemunhas" lembram-se com riqueza de detalhes de suas experiências humanas. Não se esquecem do que

experimentaram e do que aprenderam! Isso confirma que a memória pertence à alma, ao ser espiritual que passa por uma infinidade de existências humanas. A memória não está nas células do cérebro, como é geralmente aceito. A memória pertence ao *eu verdadeiro*. Ela segue conosco após deixarmos o corpo físico. Ou melhor, a entidade espiritual estava apenas usando um corpo, equipado com um computador, o cérebro, algo como um computador pessoal, um PC, que poderia ser definido como o *hardware* – porque o *software* fica dentro de nós. Carregamos conosco os arquivos de informação que pareciam residir dentro de nosso corpo físico.

3. Nós pensamos. Estamos *sempre* pensando. Mas não nos damos conta de *quem* é que pensa. Muitos dirão que quem pensa é o cérebro. Como eu disse, o cérebro é como um computador. Quem pensa somos *nós* – você e eu: o *eu verdadeiro*. Não o nosso corpo. O pensamento continua com a entidade espiritual – o eu verdadeiro e imortal. Isso confirma que não somos o nosso corpo. O corpo não pensa por si. Ele é apenas o instrumento usado pelo ser espiritual para se manifestar na condição humana e viver no ambiente físico da Terra.

4. Existem muitos testemunhos de pessoas que passaram por experiências de quase-morte em que podiam ver e ouvir sem o uso dos olhos e dos ouvidos. Por outro lado, sem o corpo físico, parece impossível tocar, cheirar e sentir o gosto das coisas. Todos esses testemunhos confirmam o que sempre almejamos: a certeza de que após a "morte" continuamos a existir! Ernest Holmes, em *The Science of Mind*, faz o seguinte comentário:

Supor que as faculdades mentais morrem junto com o cérebro é o mesmo que supor que o cérebro pensa por si mes-

O FUTURO E A FÉ 89

mo. A própria experiência da morte prova que isso é falso, pois, se o *cérebro* pudesse pensar por si, ele continuaria pensando eternamente. Não, não é o *cérebro que pensa*. *Quem pensa* pode estar usando o cérebro para fazê-lo, mas o cérebro não tem capacidade para sentir ou pensar por si mesmo. Isole um cérebro e você verá que ele não conseguirá formular idéias ou fazer planos. SOMENTE NÓS PODEMOS PENSAR!*

De qualquer forma, a consciência do nosso ser, nossa inteligência, nossas lembranças, nossos sentimentos e nossa faculdade de ver e ouvir continuarão conosco, quando passarmos para outras dimensões da vida. Somos imortais! Podemos ter certeza de que nossa vida pessoal vai continuar após a morte. Gosto da maneira como Deepak Chopra compartilha conosco outra de suas idéias no livro *Ageless Body, Timeless Mind*: Não somos vítimas da idade, da doença ou da morte. Isso tudo faz parte do cenário, não do observador, que é imune a todo tipo de mudança. O observador é o espírito, a expressão do ser eterno.

---

* Ernest Holmes, *The Science of Mind* (Nova York: G. P. Putnam's Sons, 1938), pp. 376-77.

8

O Triângulo Mágico

Se, por um lado, o perdão significa paz no agora e, por outro, a fé no futuro também significa paz no agora, então o que devemos fazer no *aqui e agora*, no presente momento, neste lugar, além de ficar em paz? Quando atingimos esse nível, estamos preparando terreno para a felicidade, porque uma coisa é verdade: não conseguiremos ser felizes sem antes termos paz. Vamos entender muito bem esse conceito e dar a ele um nome. Sugiro que o chamemos de *O Triângulo Mágico* – mas *mágico* no sentido puro da palavra. Ele pode ser representado da seguinte forma:

Perdoar o passado,

Paz no *aqui e agora* e

Fé no futuro.

Qualquer pessoa que esteja em paz no *aqui e agora*, tem condições de ser feliz, ter ânimo, ser alegre e – por fim – estar totalmente em contato com sua característica divina interior: o

92 PENSAMENTO: O MAIOR DE TODOS OS PODERES

amor! Ao final deste capítulo, você verá uma figura que ilustra melhor essa idéia.

Você deve estar se perguntando como alcançar tudo isso. Quase todos que escrevem sobre metafísica, novas formas de pensar ou auto-ajuda recomendarão que você faça meditação durante vinte minutos, pelo menos duas vezes por dia. Não há palavras para descrever os benefícios da meditação. Talvez eles não sejam evidentes de imediato, mas você logo perceberá as mudanças, se perseverar. Pode até ser que você passe a depender tanto da meditação como do ar, do alimento e do sono.

Isso é exatamente o que ocorre comigo. Só depois da minha sessão diária de meditação é que geralmente consigo ter uma idéia clara do que quero fazer durante o dia, e sempre acabo por fazer a coisa certa. Só após a sessão de meditação é que meus pensamentos são criativos e produtivos e eu não fico divagando inutilmente. Quando você medita, consciente do *aqui e agora*, interrompe essa divagação, conseguindo chegar a um estado de quietude.

De manhã, depois de uma boa noite de sono, conseguimos pensar melhor. Da mesma forma, quando interrompemos a divagação – depois de um bom tempo de quietude – nossa mente, nosso Eu Verdadeiro, pode se expressar melhor por meio do cérebro e fazer brotar pensamentos e escolhas boas, o que só traz conseqüências boas para a nossa vida.

Sugiro que você faça um esforço verdadeiro para descobrir seu jeito particular de meditar, pois cada um de nós a interpreta e pratica de forma diferente. Encontrei idéias muito boas no livro *Journey of Awakening: A Meditator's Guidebook*, de Ram Dass. A meditação é a maneira de você conseguir o que quer, pois você vai receber orientação de sua Voz Interior.

A esta altura você já conhece a importância do perdão, bem como a importância da fé para ter paz no *aqui e agora*. Mas de

O TRIÂNGULO MÁGICO 93

que tipo de *paz* estamos falando? Estamos falando da paz *espiritual* – do tipo que leva você à paz mental, física, emocional e social. Dificilmente você irá gozar a paz no sentido holístico, em caráter permanente, sem antes atingir a paz espiritual – que poderia ser definida como sendo um completo reconhecimento de que você é um *ser espiritual*. É essa paz, esse sentimento interior, que constrói as fundações para a felicidade. Ela é *mágica*, porque, uma vez conseguida, você pode decidir ser feliz a qualquer hora e *você será feliz* – sempre que quiser.

A felicidade é mantida pela consciência do que você é: um ser espiritual, fazendo exatamente o que se espera de você no *aqui e agora*, com base na visão descrita no próximo capítulo. Além disso, esse triângulo (perdão, paz e fé) também vai parecer realmente mágico, porque, nessa altura, você vai ficar realmente entusiasmado, o que vai causar um merecido prazer de viver e fazer com que você sinta amor por você, pelos outros e pela Natureza como um todo.

Agora você pode *compartilhar* amor porque já o *tem*. Você, em primeiro lugar, deu amor a si mesmo. Já comentamos sobre isso. Não se pode compartilhar o que não se tem, mas agora você já o tem! Agora que você pode compartilhar o amor, dê esse amor de todas as maneiras possíveis. Abraçar e beijar o seu parceiro, seus filhos, seus parentes e amigos é só um exemplo. Dê apoio a eles, ajude-os. Lembre-se de que todo o amor – assim como todo o bem – que *pode* ser dado, se *não* for dado, *é perdido*! Um amigo meu costuma dizer: "Meu amor por você é de segunda mão, porque dei a mim mesmo em primeiro lugar!" Ele me disse que leu a frase num livro de Peter McWilliams.

Creio que todo o bem que vem de nós é de segunda mão. Se não o tivermos, como, então, compartilhá-lo?

Agora você já sabe quais são as suas crenças que não estão lhe servindo bem, e está se preparando para se livrar delas, mudando seu paradigma. Você está se preparando para adotar as crenças que reforçam sua certeza de que não existe mal no universo, e está ficando cada vez mais sábio.

Agora você vai provar que os seus pensamentos é que comandam suas atitudes, que suas atitudes definem o seu comportamento e que o seu comportamento, por sua vez, reflete o seu modo de pensar. Dessa forma, a visão do seu futuro, tal como foi tratada anteriormente e será explicada no próximo capítulo, não somente orientará sua vida como também dará significado para o seu *aqui e agora*. Se você conhece o significado do momento presente, não hesitará para agir. Você já o sabe. Então, faça o que é preciso!

Se você estiver em paz, se estiver feliz, nada o impedirá de reconhecer que você tem aptidões físicas e intelectuais, de fazer o que é preciso, de dar à sua vida o rumo que quiser e de alcançar suas metas de curto, médio e longo prazos. Você não vai mais sofrer pelas coisas que não tem, e, em vez disso, vai aproveitar melhor aquilo que tem — e vai saber que poderá ter exatamente o tipo de prosperidade que desejar.

Em seu livro *The Art of Worldly Wisdom*, Baltasar Gracián registrou o provérbio "Use todos os recursos humanos ao seu alcance como se os recursos divinos não existissem, e use os recursos divinos como se não existissem os recursos humanos". Gracián deixa claro que, a menos que estejamos dispostos a fazer tudo o que for necessário para conseguir o que queremos na vida, usando todos os recursos disponíveis, seremos forçados a concluir que, na verdade, não queremos aquilo que afirmamos querer — nesse caso, devemos ter-nos equivocado em nossa visão. Não deixemos que isso aconteça. Vamos compor um quadro correto de como deverá ser o resto da nossa existência humana.

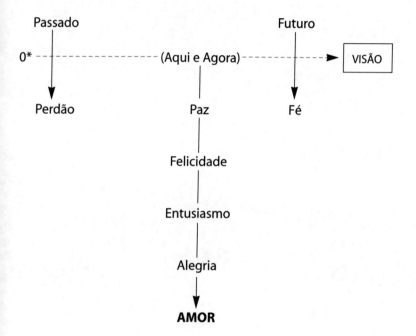

*Representa a data de nascimento ou da concepção.

9

A Visão do Futuro

Como podemos ter certeza de que seremos felizes, sentiremos entusiasmo e alegria no futuro – os próximos *aqui e agora*? Eu diria:

1. Tendo um propósito de vida – o propósito que vai dar rumo à nossa vida e, conseqüentemente, significado ao *aqui e agora*;

2. Deixando de lado a falsa atitude de ficar contra nós mesmos (inconscientemente, ao menos), fazendo a coisa errada – isto é, transformando a nossa vida fazendo mudanças na nossa forma de pensar e, assim, concretizando todos os nossos sonhos mais íntimos.

O que é que nos falta? Se fomos capazes de resolver o passado e não tememos o futuro, o que ainda nos resta? *Orientação.* A maioria das pessoas não tem senso de orientação. Muitas pessoas nem mesmo sabem para onde querem ir. Algumas vezes não sabemos o que realmente *queremos.* O principal motivo por que muitas pessoas não conseguem o que querem na vida é que não têm um objetivo estabelecido claramente! Vamos, então, colocar essa condição em nossa lista do que fazer para termos um rumo na vida. Vamos estabelecer uma visão clara do que queremos para o resto da nossa vida.

Você já notou que nunca iniciamos uma viagem sem antes definir nosso destino e sem que alguém se responsabilize por manter o curso?

Geralmente sabemos aonde ir, quando viajamos de navio, avião, trem ou automóvel. Mas raramente definimos com antecedência um destino para *nós mesmos*, ainda que nosso corpo seja o veículo usado pelo nosso ser espiritual, durante nossa existência humana. Não definimos o nosso destino porque, de um modo ou de outro, acabamos indo para um lugar ou para outro. No entanto, se resolvermos escolher o nosso destino, não somente seremos capazes de ir aonde queremos, como sentiremos o prazer de ter mais controle sobre nossa própria vida. Nós nos sentiremos bem por termos uma direção certa a seguir e por sermos responsáveis por controlar nossa jornada, da mesma forma que controlamos o volante do automóvel.

Quando não temos um destino certo, um rumo, não temos um trajeto com que nos preocupar, o que parece mais simples do que decidir o que queremos para nossa vida. Então, só depende de você optar por um destino bem definido e manter o curso para chegar lá, ou então se deixar levar pela correnteza. A opção é sua. Qualquer que seja sua escolha, você poderá ser feliz com ela; mas tenha em mente que essa última — não escolher um destino antecipadamente — pode levar a lugares ou situações desagradáveis, pois não serão necessariamente os que você desejaria, os que você *podia* ter escolhido, mas decidiu por *não* fazê-lo. (É claro que você poderá acabar gostando de seu destino inesperado — a opção, como eu disse, é sua.)

A VISÃO DO FUTURO 99

Você estará usando seu livre-arbítrio para não determinar previamente uma visão da vida que você gostaria de ter.

Pode-se compor uma visão do futuro partindo das fundações *ou, então*, pode-se primeiramente determinar a visão do futuro e como conseqüência determinar quais devem ser as fundações. De qualquer forma, *é muito importante* que tenhamos uma visão clara do que realmente queremos para o restante de nossa vida. Compor essa visão pode significar fazer uma "descrição" do futuro que desejamos. Lembre-se de que, dessa forma, estamos dando um rumo à nossa existência física e ainda dando um significado para cada *aqui e agora* que vivemos.

O fato de saber para onde ir nos permite escolher o que fazer neste *aqui e agora*. Significa que identificamos qual o nosso propósito em vida. Significa que não é mais necessário andar ao léu, procurando algo para fazer, sem chegar a lugar nenhum. Afinal, desconhecer aonde queremos chegar e o que queremos fazer com o resto de nossa vida é como ligar para uma agência de viagens e pedir uma passagem sem especificar o destino. A voz, do outro lado da linha, certamente perguntará: "Aonde você quer ir?" Se não soubermos, como poderemos querer viajar ou pedir uma passagem de avião?

Não fique surpreso ao saber que a maioria das pessoas não sabe o rumo que deseja dar ao resto de sua vida. No entanto, sabemos que não queremos morrer cedo, pois uma voz interior nos diz que ainda falta algo por terminar, ainda existe algo por fazer, uma meta a alcançar, antes da inevitável transição.

Ainda precisamos manifestar Aquilo que está se manifestando em nós! Queremos viver muitos anos, completar nossa jornada, ainda que não saibamos aonde (e quando) desejamos ir. Então, o que você quer fazer na vida? Se optar por "ir com a correnteza", é sinal de que você quer que sua vida seja exata-

100   PENSAMENTO: O MAIOR DE TODOS OS PODERES

mente isso. Não há nada de errado em fazer essa opção, se você estiver a par do restante das opções disponíveis.

Se a sua opção for outra – você acha necessário identificar claramente um propósito para sua vida e ainda não está seguro de qual seja ele – ao menos pode iniciar definindo um propósito temporário. Ele pode muito bem ser algo bem básico, que se constituirá no propósito de sua existência humana e em como alcançá-lo. Com isso, você poderá dedicar algum tempo para identificar a visão que quer para o futuro. Não *invente* uma visão. Em vez disso, faça meditação e use sua intuição para *identificar* qual a visão correta.

É importante saber (e sempre lembrar) que, quando chegar o momento e quando for necessário, você pode mudar a visão que tinha de sua vida e de como realizá-la. Você tem a liberdade de fazê-lo. O que estou tentando dizer é que, para evitar arrependimento futuro, você deve determinar agora mesmo uma visão de sua vida, porque não existe nenhum risco ou razão para não fazê-lo. Desperdiçar parte da vida sem um propósito claro para ela, mesmo desejando ter um propósito, não faz sentido para aqueles que querem ter uma mente evoluída – isto é, para aqueles que reconhecem que tudo no universo tem um propósito. E não há dúvida de que viver esta existência humana tem um grande propósito, como expressar o que realmente somos, fazendo uma contribuição para o processo evolutivo. Precisamos ser atores um pouco mais ativos, evitando ser simplesmente espectadores, passivos.

Nós somos as mentes que querem ser superiores, exceder em nossos papéis de seres humanos, fazer diferença para a humanidade, porque, para nós, essa é a única maneira de dar um sentido à vida e de encontrar um modo de contribuir. Ter essa visão clara de como deve ser o resto de sua vida é como criar um centro de gravidade que irá produzir energia para impulsionar você, para mobilizá-lo, para manter sua atenção nos seus objetivos.

Você verá que uma visão clara do restante de sua vida exigirá sua total dedicação e, ao mesmo tempo, abrirá um caminho para você atingir exatamente o que quer.

Qualquer que seja a visão do nosso futuro, ela é a nossa grande meta. O conjunto de todas as nossas metas de curto, médio e longo prazos, colocadas em seqüência, formaram o que nós escolhemos ser como seres humanos!

Muitos escritores já disseram que não existe um lugar onde possamos buscar a felicidade – porque a felicidade está (ou não) conosco ao longo desse caminho, durante toda a jornada e não apenas no final da nossa existência humana!

Se for assim, o que vamos fazer para ser felizes em cada *aqui e agora*, a partir deste aqui até o último, no qual devolveremos nosso corpo à Natureza? E se conseguíssemos determinar uma visão do restante da nossa vida e assim elaborássemos um plano – um plano desenvolvido por nós mesmos e que poderemos vir a alterar a qualquer tempo, se assim quisermos? Esse plano não nos daria uma direção a seguir? Ele não daria um sentido para este *aqui e agora* – e mesmo uma sensação de segurança? Claro que sim! Pôr essas idéias em prática deu um rumo à minha vida e muito significado para cada momento dela.

Vamos, então, tentar agora considerar todas as etapas de nossa vida e juntá-las, para compor um único quadro – essa é uma atividade parecida com a montagem de um quebra-cabeça cujas peças vêm numa caixa de papelão com a figura do quebra-cabeça montado na tampa. Se a figura não acompanhasse o jogo, seria muito difícil saber o que fazer com as peças. Com a vida é a mesma coisa. Ela tem muitas etapas e não sabemos o que fazer com elas. Definindo uma visão para sua vida, criando uma narrativa para o seu futuro, tal como você acha que ele deveria ser, você estará encaixando as peças do jogo e formando uma figura para guiá-lo pelo resto da vida.

102 PENSAMENTO: O MAIOR DE TODOS OS PODERES

A figura completa, mais do que um punhado de palavras, além de lhe dar um rumo definido, lhe dará força, como se fosse o mapa do tesouro. Ela vai dar significado ao seu *aqui e agora*, porque você vai viver cada *aqui e agora* com o quadro completo em mente, e a figura vai ser o seu "manual de controle da vida", pois, com ela, você vai ter o controle total. Dificilmente você vai perder esse controle, embora possa tê-lo perdido no passado.

Para muitos, o *aqui e agora* é o momento de *sofrer*, de ser *infeliz*. Você pode mudar isso, só depende de você. Lembre-se de que você sempre pode escolher o contrário de qualquer coisa, pois tem liberdade para fazer o que quiser com tudo o que tem, com o que possui — isto é, o seu *aqui e agora*. E isso é tudo o que você realmente tem.

Gostaria de pedir sua atenção para um fator muito importante: *as conseqüências*. Tudo o que decidimos fazer tem suas conseqüências, boas ou más. É muito importante ter isso em mente. E o lado bom disso é que, se *este momento* é tudo o que temos, então podemos melhorar qualquer coisa com uma nova visão do futuro. Se tivermos uma direção para nossa vida, tudo e todo *aqui e agora* terá um significado. Você consegue perceber a importância que isso tem?

Saberemos exatamente o que fazer. Não estaremos mais vagando sem direção, tentando saber o que fazer ou aonde ir. Saberemos o que fazer! Teremos certeza. Estaremos felizes, sabendo o que *devemos* fazer naquela hora e naquele lugar. Estaremos felizes fazendo o que sempre *quisemos* fazer, como seres espirituais vivendo experiências humanas, independentemente da nossa idade ou das circunstâncias.

Sempre é tempo para mudar de idéia. Sim! Isso não é maravilhoso? Como já vimos, a visão sendo sua, porque foi você quem a criou, você pode fazer dela o que quiser — modificá-la

A VISÃO DO FUTURO 103

sempre que quiser. O que fizer mais sentido, o que você sentir que deve mudar, *faça-o*, porque a escolha é sempre sua.

Nesta existência humana, você não está ligado a nada ou a ninguém que não o agrade. Você não está ligado a nenhuma visão que não o satisfaça por completo. Além disso, ninguém vai viver sua vida por você. Você talvez queira apenas fazer alguns ajustes na sua visão, principalmente quando percebe que o que está fazendo não é exatamente o que você queria. Essas mudanças são possíveis, assim como fazer alguns pequenos ajustes.

Definir uma visão não é tarefa simples, nem o processo é fácil. Você entende que, se não estiver vivendo de acordo com uma visão, irá para qualquer lugar aonde a vida o levar –, mas poderá passar por coisas que nunca desejou, ainda que você seja muito ágil em reagir ao que lhe acontece. Determinar uma visão para o resto da vida, por outro lado, é entrar em contato com o verdadeiro eu, o eu interior, "aquela voz interior", ouvindo-a atentamente. Ela vai lhe dar a chave para identificar seu propósito na vida e os detalhes de como juntar as partes corretamente. A partir daí vai ser uma questão de seguir essa visão.

Existe um processo simples que pode ajudá-lo a começar. Você pode experimentá-lo sem risco de perder alguma coisa – nem mesmo o tempo e o esforço gastos, porque, no processo, você vai aprender coisas muito interessantes sobre você mesmo. Ele vai ajudá-lo a entender uma parte importante de você, a partir do que quer para o futuro, que é resultado de seus pensamentos e crenças. Para determinar a direção que achar melhor, a partir de seu ponto de vista pessoal, você precisa primeiramente identificar o que quer, com o maior número de detalhes possível, e aí determinar o que fazer e aonde ir para consegui-lo. Você pode também revisar o que deseja, conforme vá mudando de idéia, sempre seguindo a orientação da "sua voz interior".

104   PENSAMENTO: O MAIOR DE TODOS OS PODERES

Uma das maneiras pelas quais sua voz interior fala com você é por meio do sentimento forte de certeza. Você não precisa de uma explicação lógica para saber que uma idéia que está analisando é o que você quer. O mesmo vale para idéias que você rejeita, mesmo sendo baseadas em argumentos lógicos, quando você simplesmente sente que não as quer. Claro que a melhor situação é aquela em que se sente inclinação justamente por uma idéia que tem também um fundamento lógico. Em qualquer das situações, prefiro confiar em minha voz interior do que em todas as razões do mundo − porque conheço bem o que vai dentro de mim, e confio nisso.

Para iniciar o processo, sugiro que você aceite o *conceito da mudança*, porque a mudança é o elemento-chave de seu livre-arbítrio. Se não tivéssemos o direito ou a capacidade de mudar, então precisaríamos ser coerentes com nossas decisões anteriores, exatamente como aprendemos a fazer. Poderíamos nos sentir infelizes pelo resto da vida por não ter coragem de mudar.

Nos próximos parágrafos, vou descrever um método que poderá auxiliá-lo a determinar uma visão para o resto da sua vida. Lembrando que você pode mudar de idéia a qualquer momento, fique à vontade para repetir o processo novamente até que se sinta satisfeito com a visão que compôs do restante de sua vida, e, em seguida, faça uma versão por escrito de sua conclusão final (veja página 112).

Pense, por um instante, numa pessoa que resolveu que irá cometer suicídio. Ela deve ser coerente com sua decisão ou pode mudar de idéia? Creio que você vai concordar comigo que ela pode mudar de idéia a qualquer momento. E você também! É provável que algumas de suas decisões o levem metaforicamente ao suicídio, como abusar do álcool, fumar, comer demais, jogar, trabalhar em excesso, usar drogas, preocupação, raiva, mas você pode mudar a qualquer momento, não é mesmo?

A VISÃO DO FUTURO

Você pode recuperar o equilíbrio em sua vida – o seu controle – a qualquer momento, se mudar de idéia. Você não precisa ser infeliz: mude de idéia. Não importa qual o estilo de vida que adotou: você pode mudar de idéia e fazer outra escolha a qualquer momento.

Eis o processo que poderá levá-lo a identificar seus desejos atuais: pegue uma folha de papel e faça uma lista de todas as coisas importantes para o seu futuro. Se quiser, poderá usar algumas páginas deste livro, que foram deixadas para essa finalidade, mais adiante.

Você pode colocar um título na primeira página – **"O Que Realmente Quero É:"** – e numerar cada item. Por exemplo:

1. Quero terminar o curso de espanhol.

2. Quero tirar brevê de piloto.

3. Quero lecionar numa faculdade.

Escreva até que todas as suas metas, desejos ou anseios estejam incluídos.

Você poderá ter, digamos, dez ou vinte itens – a quantidade não importa. Mas não se esqueça de numerá-los. Poderá levar uma semana ou mais para terminar a lista – não tenha pressa, afinal você deve ter vivido muitos anos sem uma direção clara e pode passar mais alguns dias sem ter concluído qual deve ser a visão para o restante de sua vida. Vá com calma.

Procure incluir na lista tudo aquilo que você sempre quis, ou porque era necessário ou simplesmente porque isso o agradava. Tudo o que você sempre quis significa *tudo*: desde casar-se, ter filhos, comprar uma casa, mudar de emprego, até mesmo ir morar no exterior. E não mostre sua lista a ninguém. Ela é a *sua* lista. Serve apenas para você. É Você com Você. Se mostrá-la a outra pessoa, você poderá "contaminá-la"!

O próximo passo é criar uma segunda lista, que poderá ter o título **"Por Quê?"**. Sua primeira lista era *"O Que Realmente Quero*

É:," e a segunda é *"Por Quê?".* Usando a mesma numeração, escreva a razão por que você quer cada um dos itens da primeira lista. Ao lado direito do número, escreva qual é, a seu ver, a verdadeira razão. Por exemplo:

1. Porque vai ajudar em meu trabalho, ou porque vai possibilitar uma promoção ou uma transferência para a América Latina.

2. Não tenho certeza por que desejo pilotar um avião agora, apenas tive vontade. Ou: não sei bem qual pode ser a vantagem, principalmente porque tenho um pouco de medo de altura.

Neste último caso, você *não* deverá completar o item 2 na terceira lista, que estamos por iniciar. O importante é que a razão pela qual você quer ou não alguma coisa seja satisfatória para si mesmo. Se ficar em dúvida se a razão é satisfatória ou não, deixe o item na lista, mesmo assim. Posteriormente você pode verificar se realmente o quer ou não.

Você vai notar algo interessante: se a sua primeira lista tinha vinte itens, depois de fazer a segunda lista, o número de itens deve ter diminuído bastante, por não haver motivos reais, aceitáveis para você, para querer a maior parte dos itens que incluiu na primeira. Você não os quer de verdade! Agora está chegando mais perto de saber o que quer *de verdade,* e isso vai levá-lo a determinar o que fazer no resto da vida. Dessa forma, você estará, com certeza, identificando as principais coisas que quer fazer, terminar ou alcançar a curto, médio ou longo prazos.

Vamos, então, criar a terceira lista, cujo título será: **"O Que Estou Fazendo para Conseguir o Que Quero ou O Que Devo Fazer para Conseguir?"**. Aqui você vai escrever, ao lado do núme-

A VISÃO DO FUTURO

ro correspondente, o que está fazendo de verdade, agora, para conseguir o que quer *ou*, o que acha que pode fazer para conseguir.

Em primeiro lugar, você vai perceber que talvez não esteja fazendo *nada* para conseguir o que quer, mas isso o levará a identificar o que deve fazer, se realmente quer consegui-lo. Assim, identifique o que fazer e escreva.

Por outro lado, mesmo nos casos em que você já está fazendo alguma coisa para conseguir o que quer, você vai se dar conta de que não quer realmente conseguir alguns dos itens que incluiu na primeira lista, que não quer continuar se esforçando para consegui-los. Nesses casos, você não deseja realmente conseguir o que planejou, e assim deve excluir esses itens da lista. Haverá casos em que suas ações já são suficientes, não havendo necessidade de mais esforço para conseguir o que pretende.

Dos vinte itens da primeira lista, você encerrará o processo com dois ou três e esses são *o que você quer de verdade*. Esses poucos itens que restaram vão transformá-lo. Passarão a ser muito importantes para você. Eles passarão a indicar as prioridades da sua vida. Eles são a base, a fundação e o seu guia para começar a compor a visão do seu futuro.

O que você identificou é aquilo que mais quer na vida, o que mais queria fazer ou ter, as coisas pelas quais realmente deseja trabalhar para conseguir. Identificando essas coisas, você estará identificando a porção mais importante do resto de sua vida. Você pode começar a fazer a lista tão logo sinta vontade de ser responsável por você mesmo.

O que realmente quero é:

Por quê?

O que estou fazendo para conseguir o que quero ou O que devo fazer para conseguir?

A VISÃO DO FUTURO 111

Para mim, esse é o significado de responsabilidade. O mesmo significado pode ser útil para você, porque temos sempre que responder, para nós mesmos, pelos nossos atos, quer nos demos conta disso ou não —, pois as escolhas que fazemos na vida sempre dirigem os nossos passos. De agora em diante, o que contará é o tipo de escolha que você vai fazer usando o novo instrumento para identificar seus objetivos. Para determinar sua visão de futuro, sua missão é selecionar adequadamente os itens da lista entre as várias opções.

Você pode repetir esse mesmo processo a cada seis meses, ou sempre que sentir necessidade. Você verá que os itens principais não mudarão significativamente. Na realidade, as mudanças deverão ser muito pequenas. Você poderá acrescentar mais um ou dois itens. Ou, então, poderá deixar de lado algum item que antes parecia muito importante. Em ambos os casos, essa é a forma de chegarmos mais perto da versão final da visão do nosso futuro!

Um dia, você vai saber, com toda a certeza, o que realmente quer fazer na vida. Você terá então identificado o que é mais importante para o restante de sua existência humana. Repetir o processo de tempos em tempos vai mantê-lo no controle de sua visão de futuro e manterá sua atenção voltada para seu objetivo e para o rumo e o significado de sua vida. E ainda vai reforçar sua determinação.

Vamos supor que você descubra que sempre quis lecionar alguma matéria. Isso vai levá-lo a formar uma visão para o resto de sua vida, dar uma direção a ela e um significado para o momento presente, este *aqui e agora*, pois agora você sabe o que fazer dele. Quando obtiver seu bacharelado (caso ainda não tenha) e estiver pronto para começar a dar aulas, poderá utilizar o mesmo processo para revisar e confirmar sua visão novamente.

112   PENSAMENTO: O MAIOR DE TODOS OS PODERES

Algumas vezes, você poderá ter que se desviar temporariamente do curso que definiu, devido à morte de um parente, um imprevisto ou porque algo urgente exige sua atenção. Mas esse desvio é temporário. Você poderá ter que trabalhar mais, porém não vai deixar de ter uma direção em momento algum. Algumas vezes, você terá que tomar decisões, como, por exemplo, escolher entre uma boa oferta de emprego e terminar seus estudos. Entretanto, tendo a visão clara, sua decisão será muito rápida. O que realmente importa é que você viva a vida com satisfação por usar seu livre-arbítrio para mudar ou para não mudar. Estará consciente de que, no único momento que tem nas mãos, você está fazendo exatamente *o que quer*, porque é o que você decidiu fazer!

Quando, após alguns momentos de meditação, você se prepara para ouvir sua voz interior, seu verdadeiro eu, o que você está fazendo é usar sua intuição, aprendendo com seu eu interior, captando a resposta vinda do seu coração, que provém de Deus dentro de você. Tudo isso tem um papel muito importante na identificação e na determinação da visão, porém, ainda mais importante na identificação *do que fazer* para alcançar seus objetivos. Essa é a sua missão para compor sua visão de futuro. Assim, não se esqueça de fazer meditação diariamente, ou pelo menos com a freqüência que melhor atenda às suas necessidades.

Neste ponto, vale a pena compor um quadro bem definido de suas conclusões. Assim você descobrirá o significado de sua vida, conforme vinha procurando. A partir de agora, você não vai mais desperdiçar os seus *aqui e agora*. O fato de descrever sua visão por escrito vai fazer com que ela se torne um centro de gravidade, que vai atrair energia do universo em quantidade suficiente para fazer com que ela aconteça. Sua missão, de

A VISÃO DO FUTURO

realizar sua visão, é uma missão possível porque você estará fazendo aquilo que acredita ser o certo.

Se você quiser mostrar sua visão para a família, para os amigos ou colegas, faça-o quando ela estiver completa — não antes. Mesmo nessas condições, as pessoas poderão demonstrar surpresa ou relutância em aceitar suas decisões. Mas, a menos que os comentários sejam aceitáveis, não mude sua visão por causa desses comentários. Você poderá "contaminá-la". Por outro lado, é bom compartilhar a visão com outras pessoas. A vantagem de compartilhar a visão, total ou parcialmente, é que você poderá ganhar o apoio daqueles que realmente se importam com você.

Se algum dia, seja nos próximos cinco ou dez anos, após receber informações de seu eu interior ou de fontes externas, você chegar à conclusão de que deseja fazer algo completamente diferente, não se sinta preso à sua atual escolha. Você poderá mudar, então, da mesma forma que pode mudar hoje. Você *sempre* pode mudar, qualquer coisa, a qualquer momento. Deus nos criou com total liberdade de escolha, com o livre-arbítrio, a ponto de podermos até optar entre responder a Deus ou não. Você pode comprovar essa afirmação com muita facilidade observando ao seu redor quantas pessoas decidiram *não* responder a Deus ou a si próprias. Não fomos criados para ser marionetes. Deus está dentro de nós. Não somos entidades separadas de Deus. Somos apenas indivíduos dentro da mesma Grande Entidade — em Deus e unidos a Deus — mas inteiramente livres para escolher como nos manifestar e existir neste mundo físico.

Dê um sentido à sua vida — consiga o que quer dela e aproveite-a ao máximo!

10

A Escola do Pensamento

Posso controlar o que penso. Controlando o pensamento, posso adotar novas crenças e descartar outras antigas. Posso interpretar cada caso à vontade e de modo diferente, a qualquer momento – mesmo quando a mesma situação se repetir. Posso chegar a descobrir *o que eu sei*. Da mesma forma, posso decidir não exercer nenhum controle sobre os meus pensamentos, reagir de acordo com as crenças que aprendi e viver sem descobrir *o que eu sei*.

Deixe-me explicar melhor.

Aquilo que eu sei está além do que acredito ou penso, espontaneamente *ou não*. Se não aprender *como* pensar, eu poderei não chegar a conhecer *o que sei* realmente, durante minha existência física. Como em essência sou um espírito, você concordará que não há limite para meu conhecimento interior.

Entretanto, todo esse conhecimento está em meu Eu Superior, em meu eu *verdadeiro*. Ele não foi transferido para o meu cérebro como um *software*, esse cérebro que é um instrumento do meu veículo humano – o corpo. Preciso estar disposto a me esforçar para controlar meus pensamentos, para que assim eu

116 PENSAMENTO: O MAIOR DE TODOS OS PODERES

possa ter total acesso a esse conhecimento interior, pois até agora só tive acesso a uma diminuta fração de todo esse conhecimento.

Ainda não aprendemos a usar corretamente nossos pensamentos e a lidar com eles, aproveitando-os ao máximo. De acordo com alguns estudos científicos, usamos somente de 5 a 15% da capacidade do cérebro. Ainda não aprendemos a usar esse potencial — mesmo estando sujeito à nossa vontade por estar dentro de nós, com o acesso mais fácil possível. Após termos aprendido a controlar tantas forças externas, como a eletricidade, a energia nuclear, os elementos da combustão, precisamos encarar com seriedade a importância de aprendermos a controlar o maior de todos os poderes: o *Pensamento*.

Temos escolas de administração de empresas, onde aprendemos a administrar negócios, mas não temos escolas de "administração do pensamento", onde poderíamos aprender a administrar o pensamento, antes de aprender a usar outras aptidões importantes para nossa vida. No entanto, não existe nada tão importante quanto aprender a administrar o pensamento, que é a causa de tudo. Por que não temos uma escola de administração do pensamento, formando especialistas na arte de pensar?

O pensamento é poder, porque foi o pensamento que criou o universo e tudo o que há nele, manifestando uma ilimitada inteligência. Tudo o que vemos, tocamos, percebemos por meio do olfato, percebemos pelo paladar ou ouvimos foi criado pelo pensamento, como também tudo aquilo que *não* vemos nem tocamos, sentimos, percebemos ou ouvimos. E como se isso não fosse suficiente, basta olhar em volta para ver que tudo o que foi criado por mãos humanas, com ou sem ferramentas, também é produto do pensamento e da inteligência, da imaginação e da evolução.

A ESCOLA DO PENSAMENTO **117**

O pensamento de Deus nos criou à Sua imagem e semelhança, e, por isso, temos o Seu poder criativo. No entanto, usamos esse poder de maneira aleatória — não da maneira organizada e sistemática como poderia ser usado, o equivalente a saber *como* pensar. Em vez disso, usamos na vida apenas aquilo que aprendemos, ou seja, "o que pensar".

Ninguém nega que a humanidade precise de mais pensadores, mais indivíduos especializados na prática do pensamento consciente e no exercício do pensamento criativo. Isso é particularmente importante para aqueles que conduzem a humanidade rumo a níveis mais elevados de desenvolvimento, crescimento e evolução. Todos precisam se tornar especialistas em como pensar direito — entender a Verdade e ir em busca de toda a alegria possível durante esta existência física. Aprender a pensar, a lidar com o pensamento, é contribuir para o processo evolutivo.

Acredito que estamos no limiar de um salto muito grande, o início de uma transição que se observa no mundo inteiro. Estamos começando a nos dar conta de que já somos aquilo que desejávamos ser, já estamos aonde queríamos chegar, que não é preciso nos *aproximarmos* mais de Deus, mas sim nos darmos conta de quanto *já estamos* próximos dEle, em razão *do que* somos.

Tudo o que precisamos para dar esse salto é aprender *como* pensar. Não é necessário pensar *em coisas divinas*, mas pensar *sobre a Divindade que Somos*! Como diz Ernest Holmes em *The Science of Mind*:

Conheça sua mente. Treine para pensar o que você quer pensar. Seja o que você quer ser. Sinta o que você quer sentir e não abra mão de seus Princípios!

118 PENSAMENTO: O MAIOR DE TODOS OS PODERES

As palavras que você diz seriam tão poderosas quanto aquelas que disse Jesus, se você se desse conta de que, para você, elas são a lei. E isso será verdade se você SENTIR NO CORAÇÃO, e não simplesmente aceitar com seu intelecto. Se você chegou ao estágio em que sua consciência interior acredita, então suas palavras são nada menos que a proclamação da Realidade!*

Neste ponto, eu gostaria de ressaltar o quanto devo a esse livro e ao seu autor. Recomendo muito os ensinamentos do dr. Holmes. Para mim, eles expressam uma idéia muito clara do que é a existência humana e o prazer que ela dá.

---

* Ernest Holmes, *The Science of Mind* (Nova York: G. P. Putnam's Sons, 1938), p. 188.

11

O Processo Universal

O universo físico – o que vemos – e o invisível, que não podemos ver, são a manifestação do pensamento de Deus, ou de Sua "palavra". O pensamento ou a palavra manifesta-se pelo processo perfeito da Lei – essa é outra forma de dizer que a Inteligência Universal, Deus, o Espírito ou a Consciência, *conhecendo* a Si mesmo, criou um meio de Se manifestar, de Si para Si mesmo! Esse meio é a Lei, Sua Lei, a Lei Universal – "a Lei da Mente em ação", como Ernest Holmes costuma colocar. Aqueles que conhecem o processo industrial ou de produção, composto de

Matéria–prima – – – PROCESSO – – – – – Produto

assim como aqueles que trabalham com informática, e aprenderam que as *entradas* de um determinado programa, após serem "processadas", tornam-se as *saídas*, entenderão, com facilidade, que o pensamento de Deus, ou Sua palavra – a causa – é processada em um *meio*, que produz uma conseqüência – o efeito.

Quando o universo foi criado pela Inteligência pura, pelo pensamento puro, ele foi criado através de um meio, a Lei Uni-

120 PENSAMENTO: O MAIOR DE TODOS OS PODERES

versal, que, de maneira ordenada, produziu tudo aquilo que o pensamento ou a palavra da Inteligência ordenava. Tudo no universo foi criado para seguir um processo organizado de evolução. Assim, a evolução é *produto* da inteligência e não a sua causa, como muitos cientistas ainda acreditam.

Dissemos anteriormente que temos as mesmas características que a Inteligência Universal, porque somos feitos da mesma essência. Somos feitos à Sua imagem e semelhança. Assim sendo, também temos acesso, com nosso pensamento, à Lei Universal, aquela que processa o pensamento − a causa − e produz (ou manifesta) uma conseqüência − qualquer efeito que queiramos.

Em outras palavras, o pensamento de Deus produziu o universo, e tudo que há nele, por meio da Lei. Nós, como seres espirituais e extensões de Deus vivendo experiências humanas, compomos nossa existência com nossos pensamentos, porque tudo o que pensamos, consciente ou inconscientemente, pode se tornar uma "causa" que, pela Lei, produzirá um efeito, uma conseqüência, um resultado. Isso mostra a manifestação Universal e a manifestação individual.

Agora podemos entender por que é importante aprendermos a pensar. Por não tê-lo feito, por ignorância, produzimos um mundo de doenças, escassez, violência e muitos outros efeitos destrutivos; por basearmo-nos "no que pensar", naquilo que aprendemos. Esse mesmo "o que pensar" ainda é transmitido às novas gerações em muitos lugares do mundo. Devemos sempre nos lembrar de que existe apenas Um Deus e que o mal, em si, não existe; o "mal" que conhecemos é apenas a manifestação negativa ou o produto da nossa ignorância. Assim sendo, existe apenas Um Poder no Universo − e não dois −, assim como aprendemos, a partir das crenças erradas que adotamos.

Acho que, por um lado, o que existe é o nosso livre-arbítrio e, por outro lado, o fato de que aprendemos a ter pensamentos negativos e a nos apegar erradamente a falsas crenças. Esses pensamentos negativos são processados e manifestados pelo meio universal e nós os interpretamos como a manifestação do mal. Mas eles são apenas a manifestação do que pensamos ou daquilo em que acreditamos.

Em resumo: existe apenas Um Poder e, devido ao nosso livre-arbítrio, há duas maneiras de utilizá-lo. Como os nossos pensamentos são manifestados pelo meio, que é a Lei Universal, se pensarmos em termos positivos — isto é, se realmente soubermos "como" — produziremos em nossa vida todas as condições positivas ou efeitos que desejarmos. Entretanto, se pensarmos ou acreditarmos em coisas negativas, como aprendemos no passado – isto é, "o que pensar" – o resultado será a criação do que não desejamos, algo tão negativo quanto nossos pensamentos ou crenças. Afinal, o meio, a Lei Universal, é por natureza totalmente obediente e, tão prontamente quanto manifesta os pensamentos positivos, ele manifesta os negativos, sem distinção. Em nossa existência humana, consciente ou inconscientemente, o que obtemos é apenas o resultado daquilo que pensamos, da maneira como pensamos.

Precisamos mudar — fazer uma mudança radical — não para tentar sair do apuro em que estamos, mas para criar em nossa mente novos modelos de mundo, de amor, de saúde, de abundância e de paz — modelos que combinem com a perfeição do universo. Precisamos, de uma vez por todas, aprender "como" pensar, de modo a submetermos à Lei Divina os pensamentos certos, as "entradas" certas e obtermos dessa lei, que é o processo pelo qual eles se manifestam, os resultados certos.

Não podemos nos dar ao luxo de continuar a pensar em coisas ruins, porque a Lei Divina, obediente como é, produzirá aquilo que comunicarmos a ela, consciente ou inconscientemente.

122   PENSAMENTO: O MAIOR DE TODOS OS PODERES

É verdade que nem todo pensamento chega a se manifestar concretamente — se chegasse seria um desastre, devido à qualidade ruim do pensamento humano! Acredito que somente aqueles pensamentos nos quais colocamos nossos "sentimentos", acompanhados de interesse e real envolvimento, é que se manifestam. Ainda assim, muitos pensamentos negativos manifestam-se simplesmente porque nós, seres humanos, ainda não aprendemos a pensar, a lidar com nosso pensamento — porque colocamos muita energia em nossos medos e em outros pensamentos e sentimentos negativos.

Precisamos produzir efeitos, resultantes do Processo Universal, que representem apenas o que realmente queremos, o que esperamos, mudando nosso modo de pensar. Quando somos afetados por coisas negativas — ou por experiências de que não gostamos —, demonstramos que não temos capacidade para responder a nós mesmos, ou seja, não temos responsabilidade, pois sabemos que é possível mudar para melhor; podemos irradiar os pensamentos certos no Meio Universal para conseguir os resultados que desejamos.

Se mudarmos o modo de pensar, estaremos fazendo uma nova "semeadura": o solo é o mesmo; é o meio obediente que vai processar as novas sementes da mesma forma que processou as anteriores, mas o resultado dependerá das novas sementes, dos novos pensamentos. Se aprendermos a lidar com o poder do nosso pensamento, estaremos automaticamente optando por uma vida melhor e proporcionando melhores informações para as gerações futuras, que, com seus próprios pensamentos criativos, irão melhorar ainda mais o que herdarem de nós.

Nada impede que tenhamos uma boa Qualidade de Vida. Sim, Qualidade de Vida! Como um especialista em Qualidade de processos de trabalho, produtos e serviços, sei que podemos melhorar o que quisermos. A Qualidade pode ser definida co-

O PROCESSO UNIVERSAL   123

mo "melhoria contínua". O que nos leva a concluir que "melhoria do pensamento" é igual a Qualidade.

Somo mentes em expansão, com um enorme potencial – potencial que somente agora estamos começando a descobrir e utilizar. Por isso, ouso afirmar que podemos ter uma boa Qualidade de Vida e que nada nos impede de aproveitá-la, *a não ser nós mesmos, com nossas crenças atuais*. A reação a essa afirmação deve ser uma radical e completa mudança de paradigma – a decisão de redirecionar nossos pensamentos para os objetivos mais elevados. Porque se optarmos por metas ambiciosas e conseguirmos atingi-las, cresceremos mais do que poderíamos achar possível. Provaremos qual é o nosso verdadeiro potencial. Sentiremos a harmonia universal prevalecer em nossa vida e estaremos usando todas as nossas potencialidades. Como disse Ernest Holmes, em *The Science of Mind* (as maiúsculas são dele):

O HOMEM PRECISA CRESCER, SE QUISER CONSEGUIR MAIS EM SUA VIDA... TODO HOMEM PRECISA PAGAR O PREÇO POR AQUILO QUE RECEBE, E ESSE PREÇO É PAGO EM MOEDA MENTAL E ESPIRITUAL.[*]

Precisamos viver tendo em mente o nosso propósito, permanecendo no caminho certo e, ainda mais importante, não deixando nada por concluir – ser como aqueles que concluem tudo o que iniciam, aqueles que trabalham duro para concluir qualquer projeto, qualquer tarefa. Costuma-se dizer que o que vale é a intenção, mas nada pode nos afastar mais do que queremos do que isso. Eu só não discordo totalmente desse pensamento porque tudo depende do *tipo* de intenção. Por exemplo,

---

[*] Ernest Holmes, *The Science of Mind* (Nova York: G. P. Putnam's Sons, 1938), pp. 267-68.

se eu tivesse a intenção de fazer algo errado, eu poderia – e deveria – mudar essa intenção a qualquer tempo, não é mesmo?

Quando sabemos como pensar, podemos deixar de lado a intenção de fazer coisas erradas e dar atenção às coisas certas. Muitas vezes, excelentes projetos não são concluídos porque não dedicamos a eles o tempo necessário. Embora sejamos muito inteligentes com relação a outras coisas, ainda não sabemos como pensar e não reconhecemos que a perseverança humilde é muito mais eficiente do que a inteligência sem ação.

O fato é que somos livres para mudar qualquer coisa no momento em que quisermos. Não importa quantas mudanças sejam necessárias: temos que terminar o que começamos, concluir os projetos, obter os resultados, as conseqüências desejadas. Caso contrário, como saber se as idéias são boas? Precisamos ser guiados pelo "novo modo de pensar" – e não simplesmente nos abster dos pensamentos errados – e nos tornar pró-ativos com relação ao nosso novo modo de vida, por meio do qual estaremos sempre crescendo, sempre felizes e em constante expansão.

Temos que ter consciência de que já temos o que é necessário para viver uma vida satisfatória, uma Boa Qualidade de Vida. Precisamos ter uma grande existência humana, porque, se somos uma manifestação de Deus, temos uma grande responsabilidade – a responsabilidade de expressar Deus na Terra.

Não iremos mais em busca daquilo que poderá ferir ou afetar negativamente os outros, porque estamos prontos para assumir a responsabilidade pela nossa felicidade, que é a melhor escolha que podemos fazer! Precisamos entender que podemos demonstrar, durante nossa existência, o que somos de verdade: *Expressões de Deus na Terra!*

Concordo com aqueles que afirmam que a metafísica é a psicologia do futuro, porque ela se baseia na verdade espiritual.

A evolução do pensamento humano vai confirmar essa afirmação. Vai provar que nós, seres humanos, estamos no caminho certo, quando resolvemos seguir cada vez mais o Princípio Universal, a Verdade Universal, em vez de levar em conta lendas convencionais e mitos tradicionais, que não mais se sustentam.

Epílogo

Não quero que você comece fazendo a coisa errada; quero que faça a coisa certa logo da primeira vez – e sempre. Isso quer dizer que, usando as informações deste livro, você vai encontrar dentro de si mesmo a marca do sucesso, escrita com letras maiúsculas, principalmente se elevar sua consciência ao máximo – isto é, se descobrir seu Eu Superior, se conhecer Deus!

Que você encontre seu caminho!

Héctor